chefs-d'œuvre

26, rue de Condé, 75006 Paris
editionslatableronde.fr

JEAN-PIERRE MONTAL
& JEAN-CHRISTOPHE NAPIAS

100 COURTS CHEFS-D'ŒUVRE

à lire
en une heure,
une soirée,
une journée,
le temps
d'un voyage
en train.

PROLOGUE

La genèse d'un projet

(comédie en trois actes)

I

(Un café parisien, une fin de matinée froide et ensoleillée. Deux hommes, des amis, s'installent à une table. L'un d'eux lâche un long soupir, à la fois exaspéré et épuisé, en s'asseyant.)

— Tu as ta tête des bons jours… ça fait plaisir.

— Je sors d'une librairie.

— Ce n'est pas censé avoir cet effet.

— On dirait que tous les livres ou presque dépassent les 500 pages, aujourd'hui. Les ados avalent des séries de trois ou quatre tomes de 800 pages chacun.

— Gros livre = chef-d'œuvre. Chef-d'œuvre = grand écrivain. CQFD.

— Tu as décidé de ne plus employer de verbes ? La démonstration ne tient pas. Il y a des livres d'à peine 100 pages qui t'accompagnent toute ta vie et des pavés qui s'effacent en un rien de temps. Et puis, on n'hésite pas à relire un livre court ou à découvrir un « petit » livre alors qu'on ne s'attaque pas à *Guerre et paix* tous les matins.

— Les romans brefs font le tri entre les hommes et les petits garçons.

— C'est de qui ?

— De moi. On tient peut-être un truc : *100 courts chefs-d'œuvre*. Un genre de guide.

— Épatant ! Encore faut-il s'entendre sur la définition de « court »… Je propose 150 pages. Des fictions. Des textes disponibles en poche et en volume indépendant – pas de nouvelles au milieu d'un recueil.

— Prépare ta liste, je planche sur la mienne, et on en reparle la semaine prochaine.

II

(Midi. Une semaine plus tard. Les deux amis font le point au téléphone. L'un regarde une pile de livres en équilibre précaire sur son bureau. L'autre prétend qu'il revient de rendez-vous, mais est encore étendu sur son lit, vêtu d'un bas de pyjama. Il prend un ton essoufflé pour faire croire qu'il a couru.)

— Ça va ?

— Oui… désolé… c'est un peu la course, ce matin.

— J'ai lu ta liste. Ça prend forme.

— On n'est pas encore à 100, mais on progresse.

— Dis-moi… tu veux vraiment mettre Michel Mohrt ?

— Évidemment.

— Écoute… On a dit chef-d'œuvre. Michel Mohrt, excuse-moi, mais…

— Tu divagues. Entendons-nous sur « chef-d'œuvre ». On ne va pas citer uniquement Balzac, Tolstoï, Flaubert, Kafka... C'est « Montal et Napias », pas « Lagarde et Michard ». On n'est pas chargés d'éduquer la jeunesse.

— Heureusement pour elle.

— Non, il faut chercher dans les coins, faire découvrir des livres bizarres, des grands et « petits » chefs-d'œuvre si tu préfères, comme il existe des « petits maîtres » en peinture.

— Tu sais qui est le meilleur au jeu du livre court ? Félix Fénéon et ses *Nouvelles en trois lignes*. Écoute ça : « Louis Tiratoïvsky a mortellement blessé, à Aubervilliers, Mme Brécourt, et s'est suicidé. L'amour. »

— Fabuleux ! Et le roman en une ligne d'Hemingway : « À vendre : chaussures bébé, jamais portées ». Bing !

— À ce sujet, j'ai relu *Le Vieil Homme et la Mer*, je me suis ennuyé comme un poisson mort justement. On ne le mettra pas dans la liste.

— Tu plaisantes, j'espère ?

IIII

(22 heures, après la présentation en librairie d'un roman de 996 pages. Ils marchent dans la rue vers un arrêt de bus.)

— La soirée m'a paru encore plus longue que son livre.

— Oui... T'as entendu, devant nous, le type qui disait à sa voisine : « Je ne lis plus, je n'ai plus le temps », mais qui avait vu au moins une dizaine de séries ?

— Il est peut-être découragé par la longueur des livres, lui aussi.

— Je trouve que notre sommaire part un peu dans tous les sens. On devrait se concentrer sur une époque, non ?

— Je ne crois pas.

— Et puis, j'ai l'impression qu'il y a un peu trop d'auteurs russes. Si on retirait Tourgueniev ?

— Tu veux qu'on en vienne aux mains, ici, en pleine rue ? S'il faut virer un Russe, je propose Dostoïevski. C'est le plus chi…

— Arrête, tu vas dire une bêtise.

— Et si on classait le livre par époques ? Ou styles ?

— Non. L'ordre alphabétique, tout simplement. À chaque page, on peut changer de siècle, de genre… Tu as réfléchi pour Michel Mohrt ?

— Oui. Et toi pour Dostoïevski ?

— Oui.

— Il ne nous reste plus qu'à trouver un éditeur, maintenant.

— J'ai mon idée…

(Arrivée du bus.)

100 courts chefs-d'œuvre

Où, quand, comment lire ce livre
Date de publication
Maison d'édition
Nombre de pages
À lire ensuite

La Robe

Robert Alexis

À lire les jours où on aimerait héler un fiacre en pleine ville et que l'on se rend compte que ce n'est plus possible.

2006

Points.

96 pages

Mademoiselle Else d'Arthur Schnitzler, pour rester dans l'ambiance viennoise (p. 152).

C'est une téléportation brutale, imprévisible. Après quelques paragraphes, ce roman, publié en 2006, propulse le lecteur au beau milieu de l'empire austro-hongrois peu avant la Première Guerre mondiale. Attention : il n'est pas simplement question de l'évocation réussie d'une époque ou d'une reconstitution historique minutieuse comme celle qu'affectionnent les collectionneurs de soldats de plomb. Non, tout ici – le style, la construction de l'histoire et même les sentiments exprimés – porte à croire que ce texte a été réellement écrit au début du XXe siècle et retrouvé bien des années plus tard, dans un coffre scellé. Après dix pages, on jurerait lire un « bonus » des *Diaboliques* de Barbey d'Aurevilly. Il faut se pincer et regarder autour de soi pour apercevoir une table

« Plus rares sont les événements qui restent en soi comme des lignes infranchissables. »

IKEA, des paires de basket, des trottinettes pour adultes et comprendre que le XXIe siècle est bel et bien là.

La Robe, roman du travestissement, de la « théorie du genre » au temps de l'Empire, est un sortilège, porteur d'une morale bien plus subtile qu'il n'y paraît et que l'on résumera ainsi : combattez vos vices mais ne les méprisez pas car ils sont souvent l'expression la plus pure de ce que vous êtes. À méditer. •

La Traversée de Paris

Marcel Aymé

À lire en traversant la Seine, ou à Montmartre, la véritable « patrie » de Marcel Aymé.

1947

Gallimard, collection « Folio ».

84 pages

Bubu de Montparnasse de Charles-Louis Philippe, histoire de changer de quartier (p. 146).

Bouvard et Pécuchet, Laurel et Hardy… Rien ne vaut le duo, l'attelage de deux personnages que tout éloigne et que le sort rapproche. Les producteurs de cinéma américains en ont fait un genre à part entière, le *buddy movie*, le film de copains. Inutile pourtant de se tourner vers Hollywood pour trouver le plus juste, le plus drôle et le plus poignant des *buddy books* – et des *buddy movies* aussi, grâce à l'adaptation de Claude Autant-Lara : il est signé Marcel Aymé et se déroule entre la rive gauche et la rive droite de la Seine.

Martin et Grandgil font équipe par hasard pour transporter plusieurs valises de charcuterie vendue au marché noir, dans le Paris de l'Occupation. Ils pourraient presque s'entendre mais le culot sans limite de Grandgil se marie mal avec le sérieux un rien apeuré de son acolyte d'une nuit. Et puis Martin ressent une distance entre eux, un sentiment étrange qui le déstabilise, le gêne et qu'il ne comprendra que plus tard.

Marcel Aymé est un écrivain d'exception. Sa description des différences sociales esquive tous les clichés et son récit, qui ne connaît aucun temps mort, ne néglige pas la

> « **Jambier, Jaaaaammmmmbier… 45 rue Poliveau !!!!!** »
>
> — Jean Gabin dans La Traversée de Paris

profondeur des sentiments. Aujourd'hui, le (bon) film avec Jean Gabin et Bourvil a éclipsé le texte. Il faut pourtant y revenir pour découvrir la fin splendide et radicalement différente imaginée par l'écrivain. Les dix dernières pages laissent sans voix. •

Le Chef-d'œuvre inconnu

Honoré de Balzac

À lire avant ou après une expo.
1831
Le Livre de Poche.

93 pages
Evguénie Sokolov de Serge Gainsbourg, autre... « vision » de l'art et de l'avant-garde (p. 84).

Le jeune peintre Nicolas Poussin rend visite à son idole Porbus. Dans son atelier, il rencontre le vieux Frenhofer dont le coup de pinceau l'éblouit. Trois générations d'artistes sont réunies, le drame peut débuter. Ça va vite chez Balzac. Si vite que tout le roman est déjà dans le titre : ce court livre n'est pas le plus connu du maître et il s'agit bien d'un chef-d'œuvre.

Personne ne regarde un tableau de la même façon. Certains fouillent l'arrière-plan, d'autres s'arrêtent sur le visage au centre, quelques-uns commencent par les plis des étoffes... On peut procéder de même avec *Le Chef-d'œuvre inconnu*, y voir l'histoire d'un couple détruit par une passion artistique, celle d'un savoir-faire perdu en trois générations de peintres ou encore celle de l'impossible

« La mission de l'art n'est pas de copier la nature mais de l'exprimer. »

mais indispensable quête de naturel, de vérité chez l'artiste. Le roman parle aussi de l'avant-garde. Car, quand ils découvrent *La Belle Noiseuse*, la toile maîtresse de Frenhofer, Poussin et Porbus n'y voient qu'« un amas de couleurs (…) contenues par une multitude de lignes bizarres ». Le cubisme, Pollock ou Bacon font irruption au XVIIe siècle. Le vieux maître a-t-il trop d'avance sur le regard des autres ? A-t-il manqué son coup ? Pour Balzac, aucun doute : il a réussi son livre, à la perfection. •

Soie

Alessandro Baricco

- À lire avant de s'offrir des draps en soie…
- 1996
- Gallimard, collection « Folio », traduit de l'italien par Françoise Brun.
- 144 pages
- Les Belles endormies de Yasunari Kawabata, pour rester sous le charme des femmes japonaises (p. 106).

Des chiffres, d'abord : *Soie* s'est vendu dans le monde à des millions d'exemplaires, faisant d'Alessandro Baricco (né à Turin en 1958) le plus connu et le plus populaire des auteurs italiens contemporains. Succès phénoménal qui contraste avec la minceur du volume, la brièveté des soixante-cinq chapitres et la simplicité de l'histoire, des personnages et des décors…

Soie commence en 1861 dans un village de l'Ardèche, où Hervé Joncour vend et achète des œufs de vers à soie, une profession qui l'amène à se rendre tous les ans en Syrie et en Afrique à cause des épidémies qui frappent régulièrement les élevages en Europe. Sa vie heureuse et paisible, bien réglée, va être bouleversée quand il lui faudra aller jusqu'au Japon pour acheter ses précieux œufs.

Qu'est-ce qui nous séduit, dans ce livre ? Son humilité, sa lenteur, sa concision, sa poésie... en complet décalage avec le monde moderne. Il y a aussi la petite musique qui s'échappe de ces pages. *Soie* est un ouvrage éminemment musical, par sa langue simple et précise, sa structure

« **Parfois, les jours de vent, Hervé Joncour descendait jusqu'au lac et passait des heures à le regarder, parce qu'il lui semblait voir, dessiné sur l'eau, le spectacle léger, et inexplicable, qu'avait été sa vie.** »

rigoureuse, ou encore sa construction harmonique, avec notamment cet envoûtant jeu de répétitions qu'occasionne chacun des voyages d'Hervé Joncour. La musique compte beaucoup pour Alessandro Baricco (il a fait des études de musicologie, écrit sur le sujet, travaillé avec des musiciens) et cela « s'entend ». D'ailleurs, *Soie* mériterait d'être lu à haute voix. •

Histoire de l'œil

Georges Bataille

À lire si on n'a pas froid aux yeux.

1928, sous le pseudonyme de Lord Auch. Nouvelle version, la plus courante, en 1947. Publié sous le nom de Georges Bataille en 1967.

Gallimard, collection « L'Imaginaire ».

140 pages

Laissez passer quelques jours, et essayez Lourdes, lentes... d'André Hardellet, lui aussi frappé d'interdiction en son temps (p. 94).

« **Mais, dès lors, il n'était plus de doute : je n'aimais pas ce qu'on nomme "les plaisirs de la chair", en effet parce qu'ils sont fades. J'aimais ce que l'on tient pour "sale".** »

Érotique ou pornographique ? Même si l'un des textes majeurs de Georges Bataille s'intitule *L'Érotisme*, c'est indéniablement au rayon pornographie qu'il faut ranger cette *Histoire de l'œil*, parcours déréglé de deux adolescents se livrant avec une frénésie sans limite à des jeux sexuels toujours plus pervers et dégradants. Tout est prétexte à la jouissance et à la transgression pour ces deux êtres exaltés, perdus, qui s'essaient à toutes les expériences, seuls ou avec des partenaires de rencontre – la jeune et innocente Simone, l'immoral sir Edmond ou ce prêtre croisé dans une église.

Quand Georges Bataille écrit puis publie (sous le manteau) *Histoire de l'œil*, il vit intensément son époque, ces années 1920 pleines de nouveauté, de liberté et d'excès. Laissant loin derrière lui son adolescence pieuse et austère, il se révolte, s'adonne à un libertinage effréné, fréquente les surréalistes, entreprend une psychanalyse... Tout cela, on le retrouve dans le livre, construit comme une suite de tableaux, un polyptyque de scènes de débauche fantasmatiques où l'abject se confond avec le sublime. Œuvre obsédante, scandaleuse, *Histoire de l'œil* rappelle en bien des points deux films contemporains, surréalistes, marqués eux aussi du sceau du scandale : *Un chien andalou* et *L'Âge d'or* de Luis Buñuel. Et la scène finale, dans une église de Séville, vertigineuse dans la pornographie et le blasphème, est de celles qui s'impriment à tout jamais dans l'imaginaire. •

La Bellarosa Connection

Saul Bellow

- À lire dans un centre-ville ou un café bruyant.
- 1989
- Robert Laffont, collection « Pavillons Poche », traduit de l'anglais par Robert Pépin.
- 150 pages
- L'Ami retrouvé de Fred Uhlman, drame de l'exil et de la mémoire (p. 178).

Pendant la Seconde Guerre mondiale, Harry Fonstein, juif d'Europe centrale, échappe aux nazis grâce à un réseau secret, fondé par Billy Rose, un affairiste de Broadway, mi-truand, mi-impresario. Arrivé aux États-Unis, le rescapé tient à remercier son sauveur de vive voix mais ce dernier refuse catégoriquement de le rencontrer et le rembarre même méchamment pour avoir la paix. Harry devra s'y faire : les héros ne sont pas toujours des types recommandables.

Saul Bellow est connu pour ses romans amples, déliés, comme *Les Aventures d'Augie March* qui a montré la voie à de nombreux auteurs américains, Philip Roth en tête. Mais les dernières années de son œuvre sont au contraire marquées par des romans courts, vifs, sans jamais perdre

« **Et puis j'ai découvert Saul Bellow. Je n'avais rien lu de tel dans ma vie.** »

— Philip Roth

ce qui fait la force de ses fresques : une énergie intarissable, un fantastique dosage de classicisme et de gouaille. Quand Bellow écrit, le lecteur entend – derrière le style très travaillé (et si difficile à traduire), les honneurs, le prix Nobel… – le brouhaha des rues de Chicago et de New York, les protestations des petits commerçants et des self-made-men, les blagues acides des petites frappes. Le portrait de l'épouse obèse de Fonstein en est l'inoubliable illustration.

La Bellarosa Connection traite du rapport complexe des juifs américains à l'histoire de l'Holocauste. Saul Bellow n'en tire aucune conclusion définitive. Si, peut-être une : il ne faut pas laisser s'écouler vingt ans avant de passer un coup de fil à ses amis. •

Sa femme

Emmanuèle Bernheim

À lire avant de sourire à un homme (ou une femme) marié(e).

1993

Gallimard, collection « Folio ».

114 pages

Premier Amour d'Ivan Tourgueniev, récit d'une « manipulation » amoureuse d'un autre genre, d'un autre temps (p. 176).

Claire, jeune médecin célibataire, perd son portefeuille. Un matin, Thomas, un homme marié qui travaille à côté de son cabinet, le lui rapporte. L'adultère n'en réclame généralement pas beaucoup plus et une liaison débute. Très vite,

> « **Les romans, c'est ma façon de faire des films.** »
>
> – Emmanuèle Bernheim

Claire organise son emploi du temps autour des horaires de son amant qui ne reste jamais plus d'une heure et quart avec elle avant de retrouver son épouse et ses deux enfants. Cette vie de famille invisible obsède peu à peu la jeune femme qui ne cesse d'imaginer Thomas dans son foyer, au supermarché, en vacances...

Emmanuèle Bernheim est une orfèvre de la concision. Sur ses six romans, peu dépassent 120 pages. Son sens de l'observation et du détail fait merveille dans ces formats courts où le mot de trop et les facilités sont interdits. *Sa femme* fourmille ainsi de sensations, d'impressions justes qui sont la marque des grands écrivains.

Comme simple chronique d'un adultère, le roman serait déjà une réussite. Mais Emmanuèle Bernheim va au-delà. Une phrase de Thomas et le livre bascule dans une autre atmosphère, envoûtante. Claire n'apparaît plus seulement comme cette jeune amoureuse que le lecteur a suivie avec un mélange de sympathie et d'inquiétude. Un livre à double fond, à la fois précis et mystérieux, limpide et intrigant. •

Daimler s'en va

Frédéric Berthet

À lire en écoutant une compilation des singles de Michaël Hawaï.

1988

La Table Ronde, collection « La Petite Vermillon ».

124 pages

Le Feu follet de Pierre Drieu la Rochelle. Quand on a touché le fond, il faut creuser... (p. 70)

Raphaël Daimler ne va pas fort. Il parle à son poste de radio. Il rédige des petites annonces. Il s'installe même pour quelques temps à Arcachon. Arcachon... si ce n'est pas la preuve d'un homme à bout ! Puis Daimler décide de s'en aller. Fin de l'acte I. Le lecteur sait qu'il tient pour toujours un livre unique, en dehors de toutes les cases, un roman qui ne le quittera plus, peut-être l'un des meilleurs sur la dépression, la fêlure qui devient crevasse. Alors, il attaque la deuxième partie (même s'il a surtout envie de relire la première mais « faut avancer » comme on dit...).

Acte II : Charles Bonneval ne va pas fort. Pas pour les mêmes raisons. Gueule de bois. En homme du monde, il donne tout de même le change, ramasse les mégots de la veille, parle pêche à la ligne... Cette gourde de Véro (c'est

« La fulgurance du style de Berthet, sa drôlerie étincelante, son dandysme fatigué… »

— Monica Sabolo

méchant, je ne la connais pas, mais pas de pitié pour le messager) lui apporte une lettre de son ami Daimler. « Bordel », murmure Bonneval en la lisant.

Et l'acte III ? Le même Bonneval est empêtré dans ses souvenirs. Pour savoir s'il va s'en sortir il faut lire le roman. Mais ne vous faites pas d'illusion : il n'y parviendra pas, restera les pieds pris dans le passé comme dans l'asphalte fondu en pleine canicule. Rendre hommage, c'est bien beau mais cela revient toujours à parler trop tard, à l'ouvrir après la bataille. Dans son malheur, il a une chance : aucune cruche ne vient lui parler de *faire son deuil*, aucun crétin ne le bassine avec les *étapes du processus*. Ce n'était pas encore la mode dans les années 1980. On savait vivre, en ce temps-là. Enfin, façon de parler… •

L'Invention de Morel

Adolfo Bioy Casares

À lire sur une île déserte, pourquoi pas ?

1940

Collection « 10/18 », traduit de l'espagnol par Armand Pierhal.

128 pages

L'Arrêt de mort de Maurice Blanchot, qui consacra un article à L'Invention de Morel dans un de ses livres (p. 30).

Pour qui a fréquenté la littérature de Jorge Luis Borges, c'est une évidence : le grand écrivain argentin est très présent dans le premier livre de son jeune ami et compatriote Adolfo Bioy Casares. Un premier livre publié en 1940 et écrit alors que Borges travaillait lui-même aux nouvelles de son recueil le plus fameux, *Fictions*... Mais Bioy Casares a réussi ce que Borges n'a jamais pu ou voulu faire : il a écrit un roman. Et quel roman ! Une œuvre infinie, labyrinthique, pleine de chausse-trappes et de faux-semblants, qui emprunte à divers genres littéraires (fantastique, policier, aventures...) pour mieux brouiller les pistes et entraîner le lecteur sur des territoires inconnus.

Le décor, en lui-même, est fascinant : une île déserte du Pacifique, envahie par une végétation et une faune hostiles, et dominée par une grande et étrange demeure moderniste. C'est là que le narrateur du livre, qui a fui son pays, s'est réfugié et vit en solitaire. Jusqu'au jour où des touristes apparaissent, de façon aussi soudaine que mystérieuse, et mènent dans la villa une existence oisive et curieusement répétitive. Obligé de se cacher, le narrateur observe les nouveaux arrivants ; très vite, il est subjugué par l'une des vacancières.

> « **J'ai discuté avec son auteur les détails de la trame, je l'ai relue ; il ne me semble pas que ce soit une inexactitude ou une hyperbole de la qualifier de parfaite.** »
>
> – Jorge Luis Borges

Subjugué, le lecteur l'est aussi, pris par une narration implacable, des images fantasmatiques et fantasmées qui ne le lâchent pas. On comprend que ce roman si moderne et novateur, lointain petit-fils de *L'Île du Dr Moreau* de H. G. Wells, soit une formidable source d'inspiration – de *L'Année dernière à Marienbad* d'Alain Resnais et Alain Robbe-Grillet à des séries comme *Lost*, en passant par des jeux vidéo comme *Myst* ou *Second Life*. *L'Invention de Morel* est une inépuisable machine à rêves.

L'Arrêt de mort

Maurice Blanchot

À lire si on est prêt à affronter la difficulté.

1948. Puis 1971, dans une version légèrement remaniée.

Gallimard, collection « L'Imaginaire ».

140 pages

Le Vicomte pourfendu d'Italo Calvino, pour se détendre un peu (p. 42).

Maurice Blanchot est un des grands critiques littéraires du XXe siècle. Il est aussi l'auteur de romans et récits, moins d'une dizaine, qui n'en finissent pas de fasciner, d'inspirer et de susciter le commentaire. À l'instar de cet *Arrêt de mort*, qui marque son passage du « roman » au « récit » et constitue un moment capital de son œuvre.

Deux parties distinctes composent le livre. Dans la première, le narrateur, qui n'est pas sans parenté avec l'auteur, évoque la longue agonie d'une amie, survenue en 1938. La seconde partie, la plus obscure, se déroule pendant la guerre et retrace les méandres d'autres événements – la maladie du narrateur, ses relations avec certaines femmes. Des fils plus ou moins ténus relient ces deux parties…

« Ce récit est peut-être un récit étrange, mais il rapporte, en toute clarté, des événements dont tout laisse croire qu'ils ont eu lieu réellement, qu'ils continuent, maintenant encore, à avoir lieu. »

Voilà. C'est tout ce qu'on dira de « l'histoire » qui, on l'aura compris, passe au second plan. L'important, ici, c'est la langue. Simple, presque neutre, elle délivre des phrases parfois sinueuses, souvent énigmatiques, dont le sens précis nous échappe ; elle rapporte des scènes apparemment anodines ou dramatiques, étrangement théâtralisées pour certaines, où les personnages ne sont plus que des voix, des visages ; elle murmure d'innombrables questions sans réponse. Et elle offre une expérience captivante au lecteur, confronté au vertige suffocant d'une langue qui cherche à se dépasser elle-même et à rompre avec le réalisme pour approcher au plus près « l'espace littéraire ». •

Senso

Camillo Boito

À lire pour se persuader que « les histoires d'amour finissent mal… en général ».

1883

Actes Sud, collection « Babel », traduit de l'italien par Jacques Parsi ; ou Éditions Sillage, traduit de l'italien par Monique Baccelli (épuisés mais facilement trouvables).

144 pages (Babel), 80 pages (Sillage)

Hécate et ses chiens de Paul Morand, pour rester dans les femmes fatales… (p. 132)

L'œuvre littéraire de Camillo Boito (1836-1914) est des plus succinctes. À côté de quelques essais sur son art ou la restauration du patrimoine, cet architecte n'a laissé que quelques nouvelles – dont ce *Senso*, qu'on peut lire aujourd'hui grâce à Luchino Visconti et à l'adaptation qu'il en fit au cinéma. Une adaptation qui ne rend pas forcément justice au texte, soit dit en passant : pendant le tournage, le grand réalisateur italien n'avait que *La Chartreuse de Parme* en tête, et son *Senso* est plus proche de Stendhal que de Camillo Boito – notamment dans son souci maniaque de reconstitution historique et dans son « réalisme romantique », qui le rend si académique aujourd'hui.

Au cœur de *Senso*, il y a la riche et belle comtesse Livia. Elle vient de célébrer ses 39 ans et s'interroge pour la première fois sur le temps qui passe. Se réfugiant dans le passé, elle se souvient de la passion irraisonnée que lui inspira un militaire. C'était seize ans plus tôt, dans les premiers jours de la guerre d'Italie (1859), alors qu'elle venait à peine de se marier. Entre cette femme fière et cynique et ce jeune soldat aussi intéressé qu'inconséquent, l'aventure sensuelle prit l'allure d'une tragédie au goût amer de vengeance.

Ce qui fait la force du texte de Boito, hormis son terrible dénouement, c'est le souci d'aller à l'essentiel. Notre architecte dessine d'un trait net ses personnages, extrêmes sans être caricaturaux, et c'est avec une parfaite économie de moyens qu'il esquisse le contexte historique et pose les décors. Il n'y a rien à jeter dans ce petit bijou qu'est *Senso*, merveille de concision, d'intensité, où deux scènes rayonnent particulièrement : l'une dans la « sirène » d'un bain flottant de Venise, belle et sensuelle, et l'autre, aussi cruelle que sordide, dans un petit hôtel de Vérone. •

« **Fort, beau, pervers, vil, il me plut.** »

Sylvius

Henri Bosco

À lire avant de prendre une décision importante.

1948

Gallimard, collection « Folio ».

128 pages

Un an de Jean Echenoz, pour tout larguer une deuxième fois (p. 76).

> « **Quelques corbeaux annoncèrent la nuit. On alluma les lanternes et on but du café chaud.** »

Les déboires du fils prodigue… tel aurait pu être le sous-titre de ce roman. Henri Bosco y décrit les Mégremut, dynastie provençale dans laquelle « on s'aime en tribu ; on s'émeut collectivement ». Les membres de cette famille aux multiples ramifications vivent soudés, en évitant les séparations et les longs voyages jusqu'au jour où Sylvius décide de partir sans en parler aux autres, sans raison officielle, une « fugue vers l'horizon fumant de neige », comme l'écrit Henri Bosco dans l'une de ses fulgurantes descriptions de paysage. Sylvius rencontre une troupe de comédiens itinérants, se met à écrire des pièces pour eux. Mais les Mégremut le rattrapent, bien décidés à le ramener chez lui, c'est-à-dire chez eux. Sylvius accepte, sans drame.

Avec un style poétique, toujours à la lisière du lyrisme, Henri Bosco signe un texte profond, qui reste si longtemps en mémoire qu'il en finit par se fondre avec les souvenirs personnels de chaque lecteur. Qui n'a pas connu un jour ce dilemme entre les racines et l'appel du large ? Qui n'a pas mesuré ce qu'une vocation individuelle peut avoir de destructeur pour les autres ? Qui, enfin, ne s'est jamais reproché son manque de persévérance ou de volonté ? Sylvius paya cher son escapade : « on décrocha partout son portrait » mais il ne fut jamais vraiment oublié. Plus tard, d'autres Mégremut l'imitèrent et partirent à leur tour. C'est ainsi que les familles se défont et que les destins se forgent. •

Cœur de chien
Mikhaïl Boulgakov

À lire pour découvrir qu'il y a un humour russe...

1924 pour l'URSS. Dans les années 1970 pour la France.

Livre de Poche, collection « Biblio », traduit du russe par Vladimir Volkoff.

158 pages

L'Étrange Cas du Dr Jekyll et de Mr Hyde de Robert Louis Stevenson, autre expérience qui tourne mal (p. 160).

Moscou, 1924. Bouboul, chien errant, affamé, est recueilli par le Pr Transfigouratov, un riche chirurgien de renom. Cette hospitalité n'est pas désintéressée : au bout de quelques jours, le chien se retrouve sur la table d'opération et Transfigouratov lui greffe les testicules d'un homme décédé quelques heures plus tôt, ainsi que son hypophyse au niveau du cerveau. Les suites de l'expérience ne seront pas du tout celles qu'avait prévues le chirurgien...

Drôle de point de départ (raconté du point de vue du chien), qui évoquerait un cousin farfelu de Frankenstein. En vérité, *Cœur de chien* est un livre inclassable – à la fois fantastique et réaliste, comique, mais aussi éminemment politique. Ce qui valut à cette longue nouvelle écrite en 1924, l'année de la mort de Lénine et de la prise de pouvoir par Staline, d'être interdite de publication. Boulgakov, sous surveillance depuis 1922, y dénonce à tout va : la science, la bureaucratie, l'« homme nouveau » de la révolution, l'éducation, la médiocrité humaine sous toutes ses formes... Le résultat est d'un cynisme réjouissant ; et si *Cœur de chien* n'a pas la puissance du *Maître et Marguerite*, l'œuvre maîtresse de Boulgakov, elle enthousiasme par sa liberté de ton, la virtuosité littéraire de l'auteur et une modernité que rien ne semble entamer. •

« Si vous prenez soin de votre digestion, je vous donne un bon conseil : ne parlez à table ni de bolchévisme ni de médecine. Et que Dieu vous préserve de lire des journaux soviétiques avant le dîner.

— Hum ! Il n'y en a pas d'autres.

— Justement, n'en lisez aucun. »

Le Pressentiment

Emmanuel Bove

À lire pour recommander le livre à quelqu'un d'autre, qui le recommandera à quelqu'un d'autre, qui le recommandera à…

1935

Points, collection « Signatures », préface de Marie Darrieussecq à lire après le roman, surtout pas avant !

150 pages

Maigret en meublé de Georges Simenon, parce qu'entre Bove et Simenon il y a plus d'une passerelle… (p. 158)

Difficile de parler d'un livre d'Emmanuel Bove sans évoquer la singulière destinée littéraire de cet auteur, connu et reconnu dans les années 1920-1930, oublié par la suite, redécouvert dans les années 1970… sans jamais trouver aux yeux du grand public la place qu'il mériterait. S'il est régulièrement réédité, c'est estampillé de cette étiquette un peu réductrice de « plus grand des auteurs français méconnus ».

Publié en 1935, dix ans avant sa mort, *Le Pressentiment* fait partie de ses meilleurs livres, tout en étant un des plus courts. L'histoire ? Celle d'un homme d'une cinquantaine d'années qui s'est progressivement détaché de la vie aisée qu'il menait jusque-là ; ayant abandonné son travail d'avocat, sa famille et ses amis, il s'installe dans un des quartiers les plus pauvres de Paris, celui de la rue de

« Je n'ai rien lu de M. Emmanuel Bove qui m'ait satisfait autant que *Le Pressentiment*. M. Emmanuel Bove a cette qualité rare : il est né romancier. »

— Edmond Jaloux

Vanves (aujourd'hui disparue), pour y mener une existence modeste. Il espère trouver chez les hommes et les femmes qui l'entourent ce qui faisait défaut à son milieu d'origine.

Tout l'art d'Emmanuel Bove est là : une histoire simple, mais incroyablement prenante ; une écriture dépouillée qui donne aux personnages, aux décors et aux situations une épaisseur et une vérité saisissantes. Romancier pointilliste, plein de délicatesse, Emmanuel Bove est un merveilleux observateur, des choses, des gens, des âmes. Ses livres ne sont pas tristes. Comme *Le Pressentiment*, ils sont mélancoliques et emplis d'une humanité rare, par la grâce de laquelle on n'est pas tout à fait les mêmes en les refermant. •

Lenz

Georg Büchner

À lire en écoutant une symphonie de Bruckner.
1839 (à titre posthume)
Points, traduit de l'allemand par Jean-Pierre Lefebvre.
96 pages
L'Homme sans postérité d'Adalbert Stifter, tant que vous êtes en territoire allemand (p. 162).

Que faire quand un court, très court texte qu'on vous a présenté à trois reprises comme un chef-d'œuvre, vous échappe ? Le relire, bien sûr ! Le relire encore, s'il le faut.

> « **Il avait l'impression que quelque chose le suivait, et qu'inexorablement quelque chose d'effroyable était sur le point de l'attraper.** »

Et c'est ainsi que le miracle se produit, que vous entrez en communion avec ce texte vibrant, récit poignant d'un épisode réel de la vie de Jakob Lenz (1751-1792), jeune dramaturge du XVIIIe siècle, qui se rendit de Strasbourg à Waldersbach (une quarantaine de kilomètres à pied, en plein hiver), pour y rencontrer le pasteur Oberlin. Avec l'espoir que celui-ci le soulagerait du poids des graves troubles mentaux qui l'accablaient de plus en plus.

La trentaine de pages de *Lenz* racontent cela, le voyage de Lenz et son séjour. Georg Büchner (1813-1837) a tout juste 20 ans quand il écrit ce texte et se glisse dans l'esprit divagant, presque dément, de son aîné. Il décrit avec une précision et une justesse vertigineuses son calvaire, sa détresse, sa solitude… La langue, simple, y est magnifiée par le rythme parfois étrange des phrases, le déferlement permanent des images, des émotions : *Lenz* fut écrit d'un seul jet, ou presque. On est au cœur même de la poésie, une prose poétique des plus singulières qui vaut à ce *Lenz* d'être considéré comme un classique en même temps qu'un texte étonnamment moderne, dans sa spontanéité et sa profondeur. •

Le Vicomte pourfendu

Italo Calvino

- À lire si vous êtes d'humeur enjouée et avez envie de le rester.
- 1952
- Gallimard, collection « Folio », traduit de l'italien par Juliette Bertrand et Mario Fusco.
- 144 pages
- Envie de prolonger le séjour au XVIIIe siècle ? Ouvrez donc Le Cahier rouge de Benjamin Constant (p. 60).

Le titre peut interroger, voire rebuter, et mérite explication. *Le Vicomte pourfendu* est l'histoire du vicomte Médard de Terralba, oncle du narrateur, qui part en Bohême se battre contre les Turcs et qui, dès sa première bataille, est verticalement fendu en deux par un boulet de canon. Miracle : il en réchappe… mais en deux moitiés, qui vont vivre chacune de son côté. La première rentre à Terralba, effrayante et cruelle, semant un peu partout la désolation. Retour suivi de peu par celui de la deuxième, exact opposé qui cherche à répandre le bien…

Publié en 1952, *Le Vicomte pourfendu*, premier volet de la « trilogie héraldique » *Nos Ancêtres*, sera suivi du *Baron perché* en 1957 et du *Chevalier inexistant* en 1959. Conte philosophique ? Roman picaresque ? Récit fantastique ? Fable humoristique ? Un peu des quatre à la fois, et sans doute bien d'autres choses encore, le tout enchevêtré dans une histoire sans temps mort, pleine d'humour et de fantaisie. Et ce n'est pas un hasard si l'action du livre se déroule à une époque indéterminée évoquant furieusement le XVIIIe siècle : on pense plus d'une fois à Diderot ou à Voltaire.

> « **Oh ! Paméla, dit alors le bon Médard, c'est l'avantage d'être pourfendu, que de comprendre dans chaque tête et dans toute chose la peine que chaque être et toute chose ressentent d'être incomplets. J'étais entier, je ne comprenais pas. J'évoluais sourd et incommunicable parmi les douleurs et les blessures semées partout, là même où un être entier ne saurait l'imaginer. Ce n'est pas moi seul, Paméla, qui suis écartelé et pourfendu, mais toi aussi, nous tous.** »

Divertissant, irrigué par la virtuosité littéraire d'Italo Calvino et la réflexion philosophique que le récit suscite, *Le Vicomte pourfendu* est un de ces petits chefs-d'œuvre dont on sait en les terminant qu'on reviendra un jour s'y plonger.•

Un été indien

Truman Capote

À lire quand on revient dans sa ville natale.

Écrit autour de 1946 et publié en 1986.

Rivages poche, traduit de l'anglais par Patrice Repusseau.

64 pages

Premier Amour d'Ivan Tourgueniev, pour quitter l'enfance et entrer dans un monde encore plus cruel : celui de l'adolescence (p. 176).

Un jeune garçon, un grand-père aimé, un déménagement puis la peur de l'installation dans une grande ville et l'oubli progressif de son village natal… On a déjà lu cette histoire. Mieux, on l'a déjà tous vécue, d'une façon ou d'une autre. Avec ce court texte, Truman Capote touche à l'universel sans jamais forcer le trait ou convoquer les grands mots. *Un été indien* porte à ébullition les qualités de cet écrivain de premier ordre : le sens de l'observation du chroniqueur mondain et l'acuité psychologique de l'auteur de *De sang-froid*.

En quittant la ferme de ses grands-parents pour s'installer en ville, Bobby laisse derrière lui son enfance. Il le pressent sans vraiment le comprendre puis s'habitue à sa nouvelle existence. Mais les liens peuvent se desserrer sans

« **Je crois que les écrivains, même les meilleurs, "sur-écrivent". Je préfère, moi, "sous-écrire".** »

— Truman Capote

céder pour autant. Bobby recevra plusieurs lettres de son grand-père, puis un paquet et... plus rien. Le passé se manifeste généralement par une sensation de manque, c'est le seul moyen d'en mesurer l'importance. Telle est la leçon qui fera de Bobby un homme. Truman Capote la raconte en 64 pages (oui, soixante-quatre !) et elle laisse, après la lecture, le même sillage, profondément creusé, qu'un roman d'apprentissage en deux tomes. •

L'Amiral

Blaise Cendrars

À lire sur le pont d'un navire de croisière ou au bar du port.
1940
Gallimard, collection « Folio ».
108 pages
La Traversée de Paris de Marcel Aymé, croisière sur la terre ferme (p. 14).

La croisière s'ennuie. Blaise Cendrars, l'un des passagers, s'en réjouit. Il s'est embarqué pour écrire et ces journées sans distraction ni animation sont le pain béni de l'écrivain. Seulement, le capitaine vient troubler ce calme. Il ne cesse de l'inviter à sa table puis de lui proposer des verres dans sa cabine. Cendrars esquive, refuse poliment mais ne peut se dérober tout au long de la traversée. Lors de longues conversations, l'auteur de *L'Or* découvre un homme qui cache un secret lourd à porter…

Des personnages hauts en couleur et pourtant crédibles, un ton à la fois désabusé et empathique… les pages de *L'Amiral* se tournent toutes seules, comme par magie. Ce naturel est la marque du grand art. Et puis, il y a aussi ce sens unique du détail, de l'anecdote marquante. Ici, il s'agit d'une scène réunissant l'auteur, quelques membres d'équipage et… un bouc. En pleine mer. Rien que pour elle, la lecture de *L'Amiral* s'impose et ne s'oublie pas. •

> « **Parfois, je songe à lui comme à une quintessence d'écrivain ; mais nous sommes encore loin du compte.** »
>
> – Henry Miller à propos de Blaise Cendrars

L'Étrange Histoire de Peter Schlemihl

Adelbert von Chamisso

À lire si on a un jour été tenté de « vendre son ombre »...

1814

Le Livre de Poche, collection « Libretti » ou Gallimard, collection « Folio ». Traduit de l'allemand par Hippolyte de Chamisso.

124 pages (Libretti), 112 pages (Folio)

L'Homme au sable d'Ernst Theodor Amadeus Hoffmann, récit fantastique allemand, contemporain (1817) de L'Étrange Histoire de Peter Schlemihl (p. 96).

C'est à la fois l'un des premiers récits de la littérature fantastique et l'une des œuvres les plus singulières du romantisme allemand... Et c'est un Français qui la signe !

> « **Je venais de sacrifier mon ombre à la richesse. Que pouvais-je faire désormais sur la terre ?** »

Adelbert von Chamisso est né Louis-Charles Adélaïde de Chamissot de Boncourt – le 30 janvier 1781 au château de Boncourt, près de Châlons-en-Champagne. En 1792, sa famille fuit vers l'Allemagne, afin d'échapper aux persécutions révolutionnaires, et ne revient que neuf ans plus tard. Mais Louis-Charles Adélaïde, lui, restera en Allemagne avec un nom de famille amputé de son « t » final...

Est-ce la double nationalité de l'auteur, ou son statut d'apatride, qui donne une tonalité si particulière à ce texte ? Car elle est avant tout tragique, l'« étrange » histoire de Peter Schlemihl, qui vend son ombre à un mystérieux « homme en gris » en échange d'une bourse de pièces d'or toujours pleine, et se retrouve riche mais rejeté de tous. Tragique, donc, mais traversée en permanence par un humour, franc ou teinté de désespoir, qui lui donne toute son énergie et sa lumière.

Une lumière qui illumine la fin du récit, lequel prend une dimension philosophique quand notre héros, chaussé de bottes de sept lieues, se met à arpenter le monde, débarrassé de sa malédiction, et trouvant son salut dans la découverte et le savoir. L'aventure de Peter Schlemihl, soudain, résonne avec une modernité étonnante... •

On dirait vraiment le paradis
John Cheever

À lire à chaque anniversaire, quand on a l'impression d'avoir pris un coup de vieux.

1982

Gallimard, collection « Folio », traduit de l'anglais par Laetitia Devaux.

140 pages

L'Étrange Histoire de Benjamin Button de Francis Scott Fitzgerald, l'autre grand chroniqueur du mal de vivre américain (p. 80).

L'effet de surprise, ce n'est pas rien dans un roman. Même le plus sérieux des universitaires espère, en secret, sursauter au détour d'un chapitre. Avec *On dirait vraiment le paradis*, il sera servi. L'histoire rebondit dans une bonne dizaine de directions différentes en 140 pages seulement. Ce volume contient au moins quatre romans pour un auteur normalement constitué. Pas pour John Cheever.

Surtout connu pour ses nouvelles – il en a écrit plus de deux cents –, l'auteur compte parmi les plus influents du XXe siècle aux États-Unis. Ernest Hemingway, Vladimir Nabokov, Philip Roth ont salué son œuvre, cette plongée dans les banlieues *middle class* d'Amérique, racontée avec un parfait dosage de réalisme et d'étrangeté, de désespoir aussi. *On dirait vraiment le paradis* est son dernier livre.

Cheever ne prend pas la pose du sage, ne se retourne pas sur son existence avec calme et emphase mais opte, au contraire, pour un bouquet final de feu d'artifice. Tout y passe : la pollution, la naissance d'un dernier amour, la mafia, les pulsions homosexuelles, la douleur d'une rupture, la passion pour Manhattan, la vie en banlieue, la

« **Cette histoire est destinée à être lue au lit dans une vieille maison par une soirée pluvieuse.** »

campagne américaine sacrifiée par la société de consommation… Les bifurcations sont nombreuses, parfois abruptes mais elles contournent efficacement l'ennui. Un roman testamentaire pas comme les autres, en équilibre entre la lucidité de l'homme âgé et l'énergie, la soif de liberté d'un jeune loup. •

Le Vampire de Ropraz

Jacques Chessex

À lire à bord d'un TGV Lyria à destination de Lausanne.
2007
Le Livre de Poche.
90 pages
Soie d'Alessandro Baricco, une histoire rurale beaucoup moins sombre (p. 18).

C'est le miracle de la littérature : en une page et une poignée de lignes, on est ailleurs, dans un autre monde, un autre temps. À cet égard, les premiers paragraphes du *Vampire de Ropraz* sont prodigieux, qui nous projettent dans la Suisse de 1903, dans le Haut-Jorat vaudois, « pays de loups et d'abandon », avec ses « déserts cernés d'arbres sombres » et ses « villages étroits aux maisons basses ». Un pays où la sorcellerie et les superstitions s'insinuent partout, à la manière du brouillard omniprésent et des monstres que celui-ci dessine…

Le décor est planté, ténébreux et oppressant… à l'image de l'intrigue, inspirée d'un fait réel : la profanation des tombes de jeunes filles récemment décédées, et des corps auxquels on fait subir les pires atrocités. Seul un monstre

« En attendant il court, il court, le vampire de Ropraz, cousin lointain et si ressemblant de Drakul, maître lunaire des abrupts de la Valachie et de la Transylvanie désolée de crimes. Il a pour lui l'effrayante parenté des Carpates et des contreforts vaudois aux noires forêts où il se cache, affûte sa soif et sa faim, le mangeur de la pure Rosa. »

serait capable de se livrer à de telles abominations. La chasse à l'homme est lancée, sur fond d'obscurantisme et de superstition. Jusqu'à l'arrestation du coupable – ou plutôt, d'un coupable bien pratique.

Tout le talent de Chessex est dans sa concision. D'une plume aussi précise qu'un scalpel, il livre une fascinante plongée dans les noirceurs de la psychologie humaine, individuelle et collective. Avec, dans les dernières pages, une étonnante pirouette qui fait basculer le roman dans un registre plus léger. •

Fanny Hill, la fille de joie

John Cleland

À lire si vous avez envie d'un peu de piment (mais pas trop) dans vos lectures.

1748

Actes Sud, collection « Babel », traduit de l'anglais par Fougeret de Montbron (p. 146).

128 pages

Bubu de Montparnasse de Charles-Louis Philippe, avec Berthe, la « fille de joie » parisienne au grand cœur (p. 146).

Fanny Hill passe pour le premier récit anglais pornographique – ou érotique, comme on voudra. Interdit dès sa parution, le livre valut à son auteur de sérieux déboires avec la justice. John Cleland s'en tira en reniant son œuvre, qui commença alors une longue carrière « sous le manteau », les Anglais devant attendre les années 1970 pour avoir droit à une publication « officielle », aux éditions Mayflower.

En France, les choses allèrent plus vite, puisque la première édition de *Fanny Hill, la fille de joie* parut dès 1851. Version très allégée, toutefois, qui ne représente qu'un quart de l'original, et se glisse aujourd'hui sans peine dans un petit volume de 128 pages. Sacrilège ? Trahison ? Pas forcément… Jean-Louis Fougeret de Montbron, le responsable de cette *Fanny* « quintessenciée de l'anglais », est lui-même auteur de quelques-uns de ces romans libertins très en vogue à l'époque – au côté de Choderlos de Laclos, Restif de la Bretonne, ou encore Diderot, Nerciat ou le très sulfureux marquis de Sade… Supprimant bon nombre d'épisodes, souvent redondants, et resserrant certaines scènes, Fougeret de Montbron transforme un ouvrage un rien pesant en un bel exemple de libertinage à la française, à la fois galant et licencieux. Vive, joyeuse, coquine et bien écrite, l'histoire de cette très jeune Fanny qui quitte sa campagne natale pour tenter sa chance à Londres est un vrai régal.

Rien n'empêche le lecteur mis en appétit par cette savoureuse friandise de s'attaquer ensuite à la traduction intégrale. •

« **La sœur anglaise de *Manon Lescaut*, mais moins malheureuse.** »

— Guillaume Apollinaire

César Capéran ou *la Tradition*
Louis Codet

À lire dans un hamac, à l'ombre d'un arbre fruitier.

1918 (à titre posthume)

La Table Ronde, collection « La Petite Vermillon ».

144 pages

Les Dimanches de Jean Dézert, de Jean de La Ville de Mirmont, mort comme Louis Codet dans les premiers mois de la Grande Guerre (p. 182).

Il faut s'aventurer sur les chemins de traverse de la littérature pour tomber sur ce genre de pépite, secret bien gardé autour duquel est entretenu un culte discret. C'est Gaston Gallimard lui-même qui tint à publier dès 1918 ce court roman d'un auteur mort dans les premiers mois de la guerre et qui n'avait vu paraître que deux ouvrages de son vivant. Le livre marquera d'ailleurs les débuts de Gaston Gallimard en tant qu'éditeur.

Drôle de personnage que César Capéran, Gascon d'une vingtaine d'années monté à Paris on ne sait trop comment ni pourquoi et qui partage sa vie entre sa modeste chambre du boulevard Saint-Germain et le café Vachette, boulevard Saint-Michel, rendez-vous d'une certaine bohème au tournant du XXe siècle. Il ne parle pas beaucoup,

« **Moi, je ne discute jamais, mon ami. Je suis simplement un homme qui pense.** »

évoque sans cesse « la tradition », se réfère à Pascal, Diderot ou Bossuet.

Un charme inouï se dégage de ce roman. Un charme qui tient à ce personnage improbable, sorte de Bartleby méridional, joyeux, doucement mythomane, amateur de bon vin et de bonne cuisine. À une écriture simple et poétique, délicieusement désuète et parsemée de formules qu'on cueille comme des fruits mûrs. Et à des scènes imagées qui vous trottent ensuite dans la tête comme des ritournelles – impossible de passer devant le pavillon de Marsan, au Louvre, sans lever la tête pour tenter d'apercevoir le toit où César Capéran va boire son vin de Barbazange… On est dans le registre du « trois fois rien ou presque » à la faveur duquel un livre devient un livre de cœur. •

Le Duel
Joseph Conrad

À lire en pensant à cet(te) enfoiré(é) croisé(e) en classe de troisième et jamais oublié(e) depuis. Ou avant de revoir la bonne adaptation cinématographique de Ridley Scott, Les Duellistes (1977) avec Harvey Keitel et Keith Carradine.

1908

Rivages Poche, traduit de l'anglais par Michel Desforges.

140 pages

Le Joueur d'échecs de Stefan Zweig, un autre duel (p. 190).

Rien ne vaut la haine. La vraie, celle qui se renforce au fil des années, qui dure si longtemps qu'on en oublie la cause. Il n'est pas de meilleure compagne, plus fidèle, qu'une inimitié tenace et viscérale. Oubliez l'amour et la bienveillance, fausses valeurs qui s'essoufflent avec les années et réchauffez-vous auprès des flammes de la colère comme les lieutenants Féraud et d'Hubert. Ces deux hussards de Napoléon s'affrontent une première fois en duel pour une raison anecdotique. Pas de mort, pas de vainqueur : une situation inacceptable. Pendant près de vingt ans, Féraud, le méridional, et d'Hubert, l'homme du Nord, se battront dès que possible, sans pouvoir expliquer clairement à leurs témoins les origines de cette rancœur. Leur rivalité survivra même à l'Empire. Conrad mène le récit au grand galop, sans négliger l'humour et même l'émotion grâce à une fin magnifique qui réconcilie avec le genre humain.

> « **Aucun homme ne réussit tout ce qu'il entreprend et en ce sens nous sommes tous des ratés.** »

La présence de ce roman dans le présent recueil est elle-même le résultat d'un long duel. Les partisans d'*Au cœur des ténèbres* doivent déjà fourbir leur armes. Et pourtant, le vrai chef-d'œuvre court de Conrad est là, dans ces pages plus vives que la lourde métaphysique des aventures de Kurtz. Plus vives et aussi plus profondes car Conrad décrit comme aucun autre l'énergie unique des passions tristes et l'attachement sincère qui naît de l'affrontement. Les portraits des deux personnages principaux sont inoubliables. On aimerait les avoir comme ennemis.•

Le Cahier rouge

Benjamin Constant

- À lire à pied, à cheval, en train, en avion, en voiture… bref, en voyage !
- Écrit en 1807 et publié en 1907.
- Gallimard, collection « Folio ».
- 96 pages
- Les Mémoires d'un tricheur de Sacha Guitry, autre cavalcade d'un enfant triste (p. 90).

Aujourd'hui, le frivole et le sérieux se côtoient rarement dans les romans. Les écrivains sont sommés de choisir l'un ou l'autre. Nous, les lecteurs, avons beaucoup perdu dans cette séparation brutale. Tels les enfants d'un divorce, nous n'avions rien demandé et nous nous retrouvons à devoir prendre parti entre le camp des sérieux et celui des comiques, entre la thèse sociale et le *feel good*, Annie Ernaux et Gilles Legardinier, alors que la littérature se trouve justement entre les deux. Heureusement, il nous reste *Le Cahier rouge* de Benjamin Constant (1767-1830).

Écrit en 1807, perdu puis retrouvé en 1903, le livre s'inspire de la jeunesse de l'auteur. Il porte un regard à la fois ému et ironique sur ses années de formation. Le narrateur a la phobie du surplace. Alors, il voyage, d'abord au rythme des déplacements de son père, puis pour lui échapper. Les rencontres jalonnent cette cavalcade. Quel homme ne rêverait-il pas de croiser la route de Mme de Charrière ? « Elle était très sévère dans ses jugements. J'étais très moqueur de ma nature. Nous nous convînmes parfaitement. » Mais la partie la plus touchante du livre reste la relation du narrateur avec son père. Il l'admire et le craint sans lui obéir. Après une longue fugue en Angleterre, les deux hommes se retrouvent. La scène qu'en tire l'écrivain dit tout de l'incompréhension anxieuse qui relie les pères et les fils. « J'aurais eu besoin de lui demander pardon », écrit Benjamin Constant. C'était en 1807. Rien n'a changé. •

> « **J'éprouve un charme inexprimable à marcher en aveugle au-devant de ce que je crains.** »
>
> — Benjamin Constant, Correspondance

Sur le fleuve Amour
Joseph Delteil

À lire auprès d'un feu de cheminée et d'un verre de vodka (à consommer avec modération).

1923

Grasset, collection « Les Cahiers Rouges ».

126 pages

Senso de Camillo Boito, car l'uniforme fait décidément battre les cœurs… (p. 32)

À maman, à la Vierge Marie et au général Bonaparte…

La dédicace donne le ton : ce roman ne ressemble à aucun autre. Il est bien de son temps, en vérité, ces trépidantes années folles qui ont suivi la Première Guerre mondiale, période débridée, pleine de liberté et de créativité, qui accoucha notamment du surréalisme. André Breton, Philippe Soupault et Louis Aragon furent les premiers à s'enthousiasmer pour ce *Fleuve Amour*, louant son humour, son imaginaire, sa fraîcheur. Arrivé trois ans plus tôt de son Ariège natal, l'auteur était un drôle de personnage, difficile à cerner, un original écartelé entre tradition et modernité, la tête pleine de grands rêves littéraires.

Sur le fleuve Amour est le premier roman de Joseph Delteil. Il y conte la passion folle de deux officiers de l'Armée rouge pour Ludmilla Androff, laquelle conduit une unité de femmes au sein de l'armée tsariste. Menant son affaire tambour battant, Delteil se joue de l'histoire, de la géographie, des conventions littéraires. Le rythme est échevelé, le style crépitant, traversé de métaphores qui illuminent la page. Il n'y a plus grand monde, voire plus personne,

« Je suis née aux bords de l'Amour. Désormais c'est là seulement que je veux vivre, que je veux aimer. Mon cœur aspire à retourner sur les rives du Fleuve, qui le lavera et le rénovera. Emmenez-moi, emmenez-moi sur le fleuve Amour ! »

qui écrive ainsi, avec tant de désinvolture et de poésie. On aime, on n'aime pas, mais on est obligé de reconnaître l'inspiration, la force et la plume d'un écrivain. Un vrai.•

La Chambre de ton père
Michel Déon

À lire en retournant dans son village ou sa ville d'enfance.
2004
Gallimard, collection « Folio ».
124 pages
Fermina Márquez de Valery Larbaud, le grand roman sur le « vert paradis des amours enfantines », comme l'écrivait Baudelaire (p. 110).

Imagination, que de mauvais livres commis en ton nom ! Tout le métier de l'écrivain est ailleurs : partir du détail le plus personnel pour parler à tous les autres, s'élancer du particulier pour espérer atterrir pas trop loin de l'universel, décrire une madeleine trempée dans une tasse de thé pour finir par fixer la hantise du temps et de la mort dans les esprits de milliers de lecteurs. Et le tout sans jamais « raconter sa vie », en veillant à trouver la distance qui sépare le bavardage du roman, l'anecdote distrayante d'une véritable scène.

Sur la couverture originale de *La Chambre de ton père*, Michel Déon avait écrit « récits » en guise de sous-titre. Pas « roman » ou « souvenirs », ni même « récit » au singulier. Il pourrait s'agir des souvenirs de plusieurs personnes, entremêlés pour créer un double de l'auteur. Ou peut-être Déon

« C'est impossible que tu te souviennes. Tu n'avais pas un an… »

a-t-il conjugué ces histoires que l'on se raconte dans les familles et qui finissent par former une sorte de mémoire collective… Cela pourrait expliquer pourquoi *La Chambre de ton père* retranscrit à la perfection l'atmosphère de joie inquiète si typique de l'enfance.

À vouloir remonter à la source des souvenirs, l'auteur, âgé de 85 ans à la sortie du livre, plonge dans un bain de jouvence et signe quelques-unes de ses plus belles pages. La scène où le jeune Teddy remarque le geste suspect d'un homme envers sa mère ou celle des retrouvailles nocturnes avec un amour de jeunesse ne s'oublient pas. Les grandes leçons de la vie tiennent parfois en quelques minutes. Et les excellents livres en quelques pages.•

Le Rêve d'un homme ridicule

Fédor Dostoïevski

À lire quand on ne croit plus en rien.
1877
Actes Sud, collection « Babel », traduit du russe par André Markowicz.

64 pages
La Bouche pleine de terre de Branimir Šćepanović, pour rester tourner vers l'Est (p. 150).

Vous n'avez jamais osé vous lancer dans *Les Frères Karamazov*, intimidé(e) par le bon millier de pages de ce roman fleuve ? Vous en avez commencé la lecture, avant que le torrent de noms propres et de personnages ne vous fasse renoncer ? Ce n'est pas grave. Ce sera pour une autre fois. En attendant, il y a ce *Rêve d'un homme ridicule* et sa soixantaine de pages. Et les personnages ? Il n'y en a qu'un, parfait héros dostoïevskien, pauvre, désœuvré et suicidaire, qu'on suit au fil d'un long monologue halluciné.

Alors qu'il est sur le point d'en finir avec cette existence dont il n'attend plus rien, un sommeil inopiné le plonge dans un rêve fou, intense, un songe qui l'emmène jusque dans les confins de l'univers et une planète aux allures de commencement du monde, une Terre paradisiaque d'avant le péché originel où un bonheur parfait unit les hommes. On est chez Dostoïevski et, fatalement, ce tableau idyllique va s'assombrir. Et le héros va aussi se réveiller. Mais il ne sera plus le même. Son rêve, véritable expérience mystique, l'a transformé ; il s'est trouvé une mission – et peu lui importe que les autres le trouvent ridicule.

« **Cette vie que vous placez si haut, j'avais voulu l'éteindre par le suicide, alors que mon rêve, oh, mon rêve – il m'a annoncé une vie nouvelle, grandiose, puissante, renouvelée !** »

Ridicule, ce conte ne l'est pas. Aux lisières du fantastique, porté par une langue habitée et presque chaotique, il ouvre la porte à d'innombrables sujets de réflexions, philosophiques et religieux. C'est aussi une formidable « machine littéraire », un joyau sombre et étincelant, poli par un auteur au sommet de son art. Deux ans plus tard, Dostoïevski publiera son grand chef-d'œuvre... *Les Frères Karamazov*.•

Une étude en rouge

Arthur Conan Doyle

À lire à Londres, pas loin du 221B Baker Street, évidemment.

1887

J'ai lu, collection « Librio Policier », traduit de l'anglais par Lucien Maricourt.

126 pages

Un soir, à Londres de Michel Mohrt. Parce que l'Angleterre est une île que l'on ne quitte pas facilement (p. 130).

Qui se souvient de l'infirmier Stamford ? Un personnage capital pourtant qui, à sa façon, a changé l'histoire de la littérature, du roman policier et de toute la culture populaire. Un homme qui a prononcé une phrase historique, une seule, sans mot d'esprit, sans même le moindre verbe : « Docteur Watson, Sherlock Holmes. » Les présentations faites, exit Stamford. Mais sans lui… pas de Baker Street, pas de pipe courbée, de déductions « élémentaires » et géniales, bref pas d'Angleterre ou disons une autre Angleterre, un peu moins anglaise et fascinante.

Quand on assiste à la naissance d'un mythe comme dans *Une étude en rouge*, on imagine que son charisme s'est immédiatement imposé. Ce n'est pas tout à fait le cas de Sherlock Holmes : Conan Doyle lui-même pensait l'aban-

« J'ai un appartement en vue, me dit-il, il est situé Baker Street, et nous irait comme un gant… »

donner très vite, les éditeurs de l'époque ont longuement hésité. Le public en a décidé autrement en lisant ses aventures dans la presse. Dès ce premier livre, Holmes s'impose comme un homme au-dessus de la mêlée, à la fois passionné et distant, hautain et attachant, rationnel et complètement timbré. Outre son héros, le roman réserve de belles surprises dont un magnifique récit d'aventure dans l'Amérique des Mormons. Quel lien avec Londres ? Sherlock Holmes le trouve. Et le détective privé entre dans la mythologie moderne. •

Le Feu follet

Pierre Drieu la Rochelle

À lire avant d'aller revoir pour la troisième, quatrième, cinquième fois le film qu'en a tiré Louis Malle, avec le fantastique Maurice Ronet (qui n'avait pourtant pas lu le livre au moment du tournage).

1931

Gallimard, collection « Folio ».

170 pages

Le Banquier anarchiste de Fernando Pessoa, pour découvrir un homme pour lequel la vie adulte ne pose plus aucun problème (p. 144).

Sur Drieu et *Le Feu follet*, deux refrains insistants se font entendre. D'abord, « je ne lis pas le roman d'un salaud ». Les choix politiques désastreux de l'écrivain le suivent jusque dans la postérité. Sans lui ériger une statue ou se lancer

« **Pourquoi Alain continuait-il ? N'en avait-il pas déjà assez vu ?** »

dans une thèse d'Histoire, il suffit de lire les souvenirs d'Emmanuel Berl ou d'André Malraux pour comprendre que le cas Drieu est plus complexe qu'un anathème. Autre air, moins connu mais entonné de plus en plus souvent :

« c'est bon pour les adolescents, ce désespoir de brocante, maintenant je lis des choses sérieuses ». *Le Feu follet* ne serait donc qu'un roman de poseur (quand on connaît la fin de Drieu, suicidé, cela ferait presque rire), tout juste bon pour quelques jeunes âmes exaltées, aussi mauvais, acnéique et factice que la « poésie » des disques de Noir Désir, par exemple. Ben, voyons… Évidemment, c'est tout le contraire. Le roman raconte la dernière « virée » d'Alain Leroy, noctambule drogué, avant son suicide programmé. Il y rencontre les amis (et les autres) qui ont marqué sa vie de débauché. Drieu décrit comme personne les impasses des soirées d'excès et les culs-de-sac de la vie installée. C'est le véritable sujet du livre : le passage de la jeunesse à la vie d'adulte et les trahisons, plus ou moins profondes, plus ou moins douloureuses, qui l'accompagnent inévitablement. Un roman pour jeunes romantiques ? À condition de le lire trop vite ou de se voiler la face… •

Détruire, dit-elle

Marguerite Duras

À lire parce que. Oui. Sans doute.
1969
Minuit, collection « Double ».
144 pages
Memory Lane de Patrick Modiano, livre d'atmosphère et de mystère, mais beaucoup plus accessible (p. 128).

C'est avec fascination et désarroi qu'on avance dans le livre. À peine sait-on où l'on est – un hôtel aux allures de maison de repos, dans un parc, en bordure d'une forêt au-delà de laquelle on entend le bruit de parties de tennis. En une espèce de rituel insaisissable, réglé comme un ballet chorégraphique, cinq personnages, deux femmes et trois hommes, se croisent dans la salle à manger ou le parc. Ils s'observent, ils se parlent. Le style est simple, réduit à l'essentiel, les dialogues sont elliptiques, énigmatiques, les phrases s'interrompent souvent. Les silences, innombrables, envahissants, en disent sans doute plus long que tout le reste. Et puis, sous cette apparence lisse, impénétrable, il y a la violence, une violence sourde que dévoile ici et là le verbe « détruire », répété et décliné.

« Rien n'y est confortable, puisque rien n'y peut être tout à fait réel, tout à fait irréel : comme si l'écriture mettait en scène, sur un fond fascinant d'absence, des semblants de phrases, des restes de langage, des imitations de pensées, des simulations d'être. »

— Maurice Blanchot à propos de Détruire, dit-elle

« Il y a en vous quelque chose qui me fascine et qui me bouleverse dont je n'arrive pas, dont je n'arrive pas, à connaître la nature », lit-on à un moment. C'est à peu de choses près ce qu'on pourrait dire de *Détruire, dit-elle*, magnifique dans sa force et sa beauté mystérieuses, et dont la singulière musique résonne, de façon entêtante, une fois le livre fermé. •

La Panne

Friedrich Dürrenmatt

À lire avant d'accepter une invitation à dîner avec des personnes âgées dans le plan de table.

1956

Le Livre de Poche, traduit de l'allemand par Armel Guerne.

124 pages

La Mort d'Ivan Ilitch, de Léon Tolstoï, pour tirer le bilan d'une vie (p. 174).

Alfredo Traps, représentant en textile lâché par le moteur de sa belle Studebaker, se voit obligé de rallier le village voisin et d'y rester le temps que l'on répare son automobile. Faute de place à l'hôtel, il est logé chez un juge à la retraite. Ce dernier l'invite à dîner avec deux de ses amis, un ex-procureur et un avocat également retiré des tribunaux. Les trois complices proposent à Traps de participer à leur jeu préféré : faire son procès, en toute convivialité bien sûr, sans arrière-pensées. Pour rire…

Ce qui commence comme une farce théâtrale (Dürrenmatt a beaucoup écrit pour la scène) devient de plus en plus étrange et cruel. L'auteur manie l'humour noir avec une maîtrise sidérante. À chaque page, il semble donner un tour de vis supplémentaire à l'intrigue, resserrant ainsi le piège autour d'Alfredo Traps. Le faux procès, rythmé par les plats du menu, progresse, les preuves s'accumulent. Au moment du verdict, « l'accusé » porte un tout autre regard sur son métier, ses amours et son existence en général… Tout l'art de Friedrich Dürrenmatt (1921-1990) est là :

« **Il n'y a pas d'innocence qui tienne, mon ami.** »

la comédie fonctionne si intelligemment (le réalisateur Ettore Scola en tirera d'ailleurs un film en 1972) qu'elle ouvre la voie vers des questions essentielles. Lequel d'entre nous sortirait indemne de ce petit jeu ? Sommes-nous tous coupables et mentons-nous pour échapper à un inévitable jugement ? Alfredo Traps remonte dans sa chambre dans le même état que le lecteur à la fin de ce chef-d'œuvre : sonné. •

Un an

Jean Echenoz

À lire dans un train à destination du pays Basque, par exemple – mais c'est vous qui voyez.

1997

Minuit, collection « Double ».

96 pages

Daimler s'en va de Frédéric Berthet, lequel fut un grand ami de Jean Echenoz (p. 26).

Il y a comme ça, dans la bibliographie des grands auteurs, des livres qui jouent, volontairement ou non, la carte de la discrétion. Tel cet *Un an*, le plus bref des romans de Jean Echenoz, une centaine de pages coincées entre *Les Grandes Blondes* (1995, prix Novembre) et *Je m'en vais* (1999,

« **Victoire, s'éveillant un matin de février sans rien se rappeler de la soirée puis découvrant Félix mort près d'elle dans leur lit, fit sa valise avant de passer à la banque et de prendre un taxi vers la gare Montparnasse.** »

prix Goncourt). Un bref roman, donc (à l'image du titre, minimaliste), et un scénario dont la trame se résume en une phrase : un an de la vie d'une femme qui fuit brusquement Paris pour la province, et qui va, l'air de rien, passer d'une relative aisance au dénuement le plus absolu. Une lente dégringolade sous forme de *road novel* tragi-comique, une ligne plus ou moins droite, et pentue, à laquelle un final inattendu donne soudain l'allure d'un cercle. Obligeant incidemment les plus curieux à en reprendre la lecture depuis le début.

Tout l'art d'Echenoz est là, de la première à la dernière phrase ; Echenoz qui se joue en permanence des structures et conventions romanesques, mais aussi des procédés qu'il emprunte à la musique et au cinéma, pour (re)créer un univers singulier, à la fois réaliste et complètement décalé. Sa langue ciselée, précise, et son style poétique, distancié, creusent le même sillon, entre réalisme et fantaisie. Traversé de personnages souvent étranges, à la limite de l'absurde, de faux-semblants et de situations en trompe-l'œil, *Un an* se lit comme un thriller à la mécanique implacable. •

La Place
Annie Ernaux

À lire pour se faire un avis sur « le cas Annie Ernaux ».
1983
Gallimard, collection « Folio ».
128 pages
Annie Ernaux ayant obtenu le prix Marguerite Yourcenar en 2017, pourquoi pas Le Coup de grâce, de Marguerite Yourcenar ? (p. 188)

Il y a indéniablement un cas Annie Ernaux. Adulée par les uns, violemment rejetée par les autres, celle qui a trouvé et imposé sa voix (et sa voie) au début des années 1980 ne laisse personne ou presque indifférent. Prix Renaudot 1983, *La Place* jouit d'un statut particulier au sein de son œuvre : le livre lui valut la reconnaissance du grand public, celle de la critique et lui permit de prétendre à une audience internationale. Il constitue aussi le moment-clé où Annie Ernaux renonce à la fiction pour explorer à sa manière un territoire singulier, entre intime et collectif.

La Place s'ouvre sur la mort du père de l'auteure, une poignée de pages glaçantes dans leur nudité et leur précision. Le ton est donné. Tout le livre va jouer sur le même registre, austère et distancié : une évocation ethno-sociologique du disparu, modeste ouvrier devenu petit commerçant, qu'un fossé social et culturel, toujours plus large, toujours plus profond, éloigne de sa fille. Pas question de faire de l'art, de chercher à être passionnant ou émouvant ; pas question non plus de cacher ce qui pourrait être gênant ou honteux – sans donner dans l'impudique. L'écriture « plate » ou « blanche » d'Annie Ernaux est là pour décrire et témoigner, mettre à nu et disséquer le réel. Et c'est là que se produit le miracle : cette émotion qu'allument chez le lecteur le dépouillement, la sécheresse du texte – et, justement, son apparente absence d'émotion. Les mots d'Annie Ernaux parlent à chacun et chacune. •

« **Depuis peu, je sais que le roman est impossible.** »

L'Étrange Histoire de Benjamin Button

Francis Scott Fitzgerald

- À lire avant de résilier son abonnement au club de gym.
- 1922
- Gallimard, collection « Folio », traduit de l'anglais par Suzanne V. Mayoux.
- 108 pages
- L'Étrange Histoire de Peter Schlemihl, d'Adelbert von Chamisso, évidemment (p. 48).

À sa naissance, Benjamin Button a la taille d'un homme et le visage d'un vieillard. Il vivra à rebours, en rajeunissant. Cette existence en perpétuel décalage ne va pas sans difficultés : les gamins « de son âge » rient de Benjamin et de son visage vieilli, les femmes l'évitent tout d'abord, puis le trouvent séduisant avant de le haïr quand elles voient arriver les premières rides sur leurs visages. À sa mort, Button aura l'allure d'un nourrisson. Une histoire profondément déprimante ? Pas seulement…

Ce conte, dans lequel l'ironie sensible de l'auteur de *Gatsby le magnifique* fait merveille, peut se lire comme une ode à la vie et à son rythme naturel. Rajeunir… quelle naïveté et surtout quelle folie ! Benjamin ne sera heureux que lorsqu'il fera son âge, en phase avec son entourage, entre

« Pour tout le monde, la jeunesse n'est qu'un rêve, une sorte de folie. »

40 et 50 ans. Son existence à l'envers ne lui apportera rien de bon et ne changera rien à la fin, inéluctable pour lui comme pour nous tous. Benjamin Button est à plaindre parce qu'il ne peut pas faire coïncider la sagesse de son esprit avec celle de son corps. Éloge en creux de l'âge mûr, pamphlet contre l'obsession de la jeunesse… *L'Étrange Histoire de Benjamin Button* est, aujourd'hui, l'un des livres les plus subversifs qui soit.•et 50 ans. Son existence à l'envers ne lui apportera rien de bon et ne changera rien à la fin, inéluctable pour lui comme pour nous tous. Benjamin Button est à plaindre parce qu'il ne peut pas faire coïncider la sagesse de son esprit avec celle de son corps. Éloge en creux de l'âge mûr, pamphlet contre l'obsession de la jeunesse… *L'Étrange Histoire de Benjamin Button* est, aujourd'hui, l'un des livres les plus subversifs qui soit.•

Un cœur simple

Gustave Flaubert

À lire partout. Tous les ans.

1877

Le Livre de Poche

94 pages

Boule de Suif, un autre chef-d'œuvre signé par l'élève de Flaubert, Guy de Maupassant (p. 120).

Les conquérants mythiques, les amoureux transis, les femmes adultères, les escrocs de haut vol, les perdants magnifiques, les artistes maudits… Tous les héros les plus flamboyants de la littérature s'inclinent devant Félicité, la servante de Mme Aubain. En apparence, sa vie est pourtant tout sauf un roman. Elle pourrait même en symboliser l'exact contraire : Félicité ne connaît pas le risque, encore moins la rébellion ou l'ambition. L'alternance des malheurs et des joies forme un courant contre lequel elle ne voit pas l'intérêt de lutter. Unique originalité, Félicité s'attache à un perroquet donné par un sous-préfet. Elle aimera l'animal d'abord vivant puis empaillé.

Quand Flaubert s'empare de l'existence de Félicité, il est fatigué par l'écriture de *Bouvard et Pécuchet*. *Un cœur simple* est une pause (que fait le plus grand des écrivains lorsqu'il veut se changer les idées? Il ne parcourt pas le monde, n'admire pas la « beauté des femmes », ne s'engage pas dans une ONG : il écrit !). Peut-être faut-il chercher le génie de ce livre dans ce moment de répit, dans la figure de l'écrivain qui, lassé, trouve un nouvel élan. Peut-être faut-il y voir la force

> « **Félicité : toujours "parfaite". Votre bonne se nomme Félicité, alors elle est parfaite.** »
>
> — Gustave Flaubert, dans Le Dictionnaire des idées reçues

d'un souvenir d'enfance (il s'est inspiré de la bonne de ses parents), toujours motrice chez un auteur au sommet de son talent. Au fond, peu importe : *Un cœur simple* est une perfection. Malgré toutes les théories, tous les colloques, son mystère reste inentamé : oui, Félicité l'effacée en remontre à Don Quichotte, aux Trois Mousquetaires et à Julien Sorel réunis. Comment l'expliquer? Avec un seul nom : Flaubert. Pour faire autant avec si peu, il faut simplement être le plus grand. •

Evguénie Sokolov

Serge Gainsbourg

À lire juste après Autant en emporte le vent.

1980

Gallimard, collection « Folio ».

128 pages

Cœur de chien de Mikhaïl Boulgakov, en hommage aux origines russes de Serge Gainsbourg (p. 36).

À sa parution, en 1980, ce livre connut un accueil critique et public plus que mitigé. Il n'y eut pas grand monde pour prendre au sérieux l'histoire de ce peintre qui connaît un succès mondial avec des tableaux abstraits réalisés grâce aux pets qui guident sa main et son pinceau… Certains rejetèrent violemment ce court roman publié par la digne maison Gallimard ; d'autres lui opposèrent de l'incompréhension ; d'autres encore haussèrent les épaules en y voyant une provocation de plus de Serge Gainsbourg.

Près de quarante ans après, il est temps de donner une nouvelle chance à cette œuvre. Quelques clés, peut-être : « Evguénie Sokolov, c'est moi. (…) C'est un truqueur comme je suis un truqueur. » Voilà ce que déclarait Serge Gainsbourg à Bernard Pivot en ajoutant que le roman était un pamphlet contre l'art contemporain, et plus généralement tous les arrivismes. Sachez aussi qu'*À rebours*, de Joris-Karl Huysmans, était l'un des livres préférés de Gainsbourg, qui en connaissait des passages par cœur. On le sent bien dans son écriture aussi précise que précieuse, riche en mots rares et savants, et son héros a un air de famille avec des Esseintes, le dandy reclus et raffiné d'*À rebours*.

Serge Gainsbourg prenait très au sérieux son *Evguénie Sokolov*. Parce qu'il avait mis beaucoup de lui dans le personnage (toujours vêtu d'un jean et d'une veste de costume...), mais aussi parce qu'il considérait son livre comme une véritable œuvre littéraire. Il serait temps, vraiment, de lui donner raison...•

« **Vente, Sokolov, sur ce monde luxueux et dérisoire, et quand dans ces miroirs brisés par tes tracés se dessinent en surimpression les nymphettes se refaisant les lèvres, que ton ubiquité soit le reflet multiplié des vices de la terre... Ô Sokolov, ton hyperacousie fait sursauter sa main.** »

Chronique d'une mort annoncée

Gabriel García Márquez

- À lire si vous avez encore un doute sur l'assassinat de Santiago Nasar.
- 1981
- Le Livre de Poche, traduit de l'espagnol par Claude Couffon.
- 128 pages
- Encore un prix Nobel ? Essayez Saul Bellow et sa Bellarosa Connection ! (p. 22)

Chronique d'une mort annoncée... Repris tel quel, parodié, mis à toutes les sauces, voilà un titre qui a connu une destinée hors du commun – au point d'en occulter le livre qui se cache derrière. Un livre qui pâtit aussi de l'ombre de *Cent ans de solitude* (1967), du même García Márquez, best-seller vendu à plus de trente millions d'exemplaires depuis sa parution.

La première phrase du roman confirme l'information du titre : un homme, Santiago Nasar, va être assassiné. Ses meurtriers ? Deux frères, Pedro et Pablo Vicario. La raison de ce crime ? Venger l'honneur de leur sœur, Angela, répudiée par son époux au soir des noces parce qu'elle n'était pas vierge. Et le coupable tout trouvé, celui qui aurait défloré la belle, n'est autre que Santiago Nasar, jeune homme de 20 ans, riche, séduisant et insouciant. À partir de là, dans le décor d'un village colombien, fermé sur lui-même et sur des traditions pesantes, Gabriel García Márquez déroule avec un art consommé une tragédie grecque revisitée où tout le monde a son rôle à jouer – et où tout le monde, d'une manière ou d'une autre, est coupable.

> « **Le jour où il allait être abattu, Santiago Nasar s'était levé à cinq heures et demie du matin pour attendre le bateau sur lequel l'évêque arrivait.** »

Il n'y a aucun temps mort dans les 120 pages de ce roman halluciné aux allures de puzzle, drôle et tragique à la fois. Il connut un succès extraordinaire dès sa parution. Et Gabriel García Márquez obtint le prix Nobel un an après sa publication. •

La Femme changée en renard

David Garnett

À lire quand on connaît des turbulences dans son couple.

1922

Grasset, collection « Les Cahiers Rouges », traduit de l'anglais par Jane-Simone Bussy et André Maurois.

114 pages

L'Étrange Histoire de Benjamin Button de Francis Scott Fitzgerald, nouvelle publiée la même année et histoire tout aussi étrange… (p.80)

Quelle étiquette mettre sur ce livre ? Une histoire d'amour ? Un conte fantastique ? Une fable philosophique ? Un récit poétique ? Sans doute un peu tout cela à la fois. L'auteur, qui appartint au fameux Bloomsbury Group aux côtés de Virginia Woolf et d'E.M. Forster, ne livre aucune piste. Il se contente de raconter une histoire – la plus insensée des histoires…

On est en Angleterre, à la fin du XIXe siècle. M. et Mme Richard Tebrick sont mariés depuis à peine un an quand un jour, alors qu'ils se promènent dans la campagne, un fait incroyable se produit : « À l'endroit où sa femme avait été un instant plus tôt, il vit un petit renard d'un rouge très vif. » Pourquoi ? Comment ? Par qui ? Jamais le lecteur n'aura la moindre explication sur cette prodigieuse

« Quand je suis avec elle, je suis heureux. »

métamorphose, et le plus extraordinaire, c'est que cela lui importe peu : il se laisse entraîner par le récit sans se poser la moindre question, subjugué par l'amour inconditionnel que voue Richard Tebrick à son épouse… L'histoire est si belle. Trop belle pour ne pas se finir mal. C'est la marque, sans doute, des contes de fées pour adultes. •

Les Mémoires d'un tricheur

Sacha Guitry

- À lire avec un atout dans la manche.
- 1935
- Gallimard, collection « Folio », avec des illustrations signées Sacha Guitry.
- 160 pages
- Un cœur simple de Gustave Flaubert, pour un bain d'honnêteté salvateur (p. 82).

Il suffit parfois d'une phrase pour aimer un livre toute sa vie. Dans *Les Mémoires d'un tricheur*, unique roman de Sacha Guitry, on peut lire ceci : « Le chèque sans provision est une opération bancaire prévue au Code d'instruction criminelle, et c'est justice qu'il soit sévèrement puni. Je serais volontiers partisan d'une identique sévérité à l'égard des provisions sans chèques. » L'effet fut immédiat sur l'auteur des quelques lignes que vous êtes en train de lire. Enfin ! Enfin, un homme qui dénonce les vices de l'épargne, la menace sociale que représentent les riches prévoyants et économes ! À quand le projet de loi Guitry à l'Assemblée !

Roman de moraliste qui retrace toute une vie placée sous le signe de la roublardise et du hasard, *Les Mémoires d'un*

« **Ne rien attendre des autres, prendre ce dont on a besoin et qu'on ne vous donnerait pas, ne pas se lier ni s'attacher… Un chef-d'œuvre de Sacha Guitry.** »

– François Truffaut

tricheur (et sa superbe adaptation cinématographique par Guitry lui-même) regorge de maximes paradoxales et inoubliables, sans parler de la fantastique scène d'ouverture… Chaque lecteur trouvera dans ces pages une devise personnelle, dure, cynique et franche, de celles que l'on adopte dans le secret de son crâne sans l'avouer aux autres. •

Monastère

Eduardo Halfon

À lire quand on ne s'est jamais posé de questions sur ses origines.

2014

Le Livre de Poche, collection « Biblio », traduit de l'espagnol par Albert Bensoussan.

148 pages

La Chambre de ton père de Michel Déon, pour se laisser balader encore à la frontière de la fiction et de l'autobiographie (p. 64).

« Tel-Aviv était une fournaise. » L'incipit de *Monastère* donne la température : il fait très chaud dans ce roman d'Eduardo Halfon. Le narrateur (Eduardo – tiens, tiens...) est à Jérusalem pour le mariage de sa sœur. Tout lui pèse, ici : la chaleur, le fait que sa sœur épouse un juif orthodoxe, mais aussi les interrogations que suscite ce voyage en Israël, et les souvenirs qu'il réveille. Car si Eduardo est guatémaltèque, sa généalogie n'a rien d'un long fleuve tranquille : des grands-parents partis de Syrie, du Liban et d'Égypte, arabes, et juifs pour certains, sans oublier cet aïeul venu de Pologne et passé par le camp d'Auschwitz... Tout cela, Eduardo l'avait mis de côté, ou plutôt laissé derrière lui. « Juif à la retraite », c'est ainsi qu'il se présentait.

Jusqu'à ce séjour en Israël.

Né au Guatemala, installé aux États-Unis, Eduardo Halfon impose depuis quelques années son univers, en France comme ailleurs. Promenade tortueuse et chaotique dans les rues de Jérusalem en même temps que dans les méandres de l'histoire et de la généalogie, *Monastère* est

« **Un mur n'est jamais infranchissable. Un mur n'est jamais plus grand que l'esprit qu'il enferme. Car l'autre reste là. L'autre ne disparaît pas. L'autre ne disparaît jamais. L'autre de l'autre c'est moi. Moi, et mon esprit. Moi, et mon imagination.** »

typique de sa manière. Une façon bien à lui d'entrelacer autobiographie et fiction, et de nourrir avec de longs flash-backs une narration pointilliste, riche en détails anodins. En parlant d'un recueil de nouvelles d'Eduardo Halfon, Éric Neuhoff écrit : «Ces histoires ont l'évidence des morceaux d'Erik Satie.» C'est exactement ça. •

Lourdes, lentes…

André Hardellet

À lire en pleine crise de libido.
1969, sous le pseudonyme de Stève Masson.
Gallimard, collection « L'Imaginaire ».
140 pages
Histoire de l'œil de Georges Bataille, l'autre versant de l'érotisme… (p. 20)

André Hardellet était un ami de Serge Gainsbourg et de Julien Gracq. Cet écrivain méconnu tient tout entier dans ce grand écart amical, entre l'érotisme débridé de *Je t'aime, moi non plus* et la retenue un peu sèche du *Rivage des Syrtes*.

« **Longtemps, je me suis couché de bonne heure, le matin. J'avais mes nuits ; je les ai toujours, mais sans comparaison.** »

Lourdes, lentes… donne l'impression d'entrer par effraction dans le rêve d'une autre personne. Le narrateur passe de ses souvenirs érotiques avec une bonne à son arrivée dans une étrange maison close londonienne, sans oublier son idylle avec une hôtesse de l'air. Écrire sur la sensualité a fait chuter plus d'un auteur, pas André Hardellet, maître en ce domaine. Ses images sont inattendues et justes, toujours troublantes.

Lourdes, lentes... est aussi un livre maudit. Choquées par la scène d'initiation sexuelle d'un garçon de 12 ans par une femme qui a dépassé la vingtaine, des associations de protection de l'enfance intentent un procès, en 1971. Homme réservé, Hardellet vit très mal l'obligation de s'expliquer en public, malgré le soutien de nombreux écrivains comme Julien Gracq ou René Fallet. Il ne s'en remettra jamais. « Nous allâmes en appel en 1974, écrit son éditrice Régine Deforges, mais je m'y présentai seule. Entre-temps, André Hardellet était mort de honte et de chagrin. » •

L'Homme au sable

Ernst Theodor Amadeus Hoffmann

À lire le soir, bien sûr, en attendant le passage du marchand de sable…

1817

GF Flammarion, collection « Étonnants Classiques », traduit de l'allemand par Adolphe Loève-Veimars.

128 pages

Le Chef-d'œuvre inconnu d'Honoré de Balzac, le plus « hoffmannesque » des récits balzaciens (p. 16).

L'inventeur du fantastique moderne en littérature ? C'est probablement lui, E.T.A. Hoffmann (1776-1822), génie à la vie courte mais bien remplie, qui s'inspira du roman gothique anglais pour produire une série de romans et contes qui influencèrent à leur tour une longue lignée d'auteurs. *L'Homme au sable* est un de ses chefs-d'œuvre, auquel Sigmund Freud a conféré un statut particulier en l'utilisant dans un essai fameux pour illustrer le concept d'« inquiétante étrangeté »…

L'homme au sable ? Il fait évidemment référence à ce personnage mystérieux qui laisse tomber une pluie de sable magique sur les yeux des enfants pour les plonger dans le sommeil… Mais ici, c'est une version sombre et fantasmatique qui hante le conte d'Hoffmann et l'esprit de

« Quelque chose d'épouvantable a pénétré dans ma vie ! Les sombres pressentiments d'un avenir cruel et menaçant s'étendent sur moi comme des nuages noirs, impénétrables aux joyeux rayons du soleil. »

son héros, le jeune Nathanaël, une obsession endormie que réveillera sa passion déraisonnable pour une étrange jeune fille. Le récit, très bref, ne cesse de changer de visage : dans sa narration (un début sous forme épistolaire, qui laisse la place à un récit traditionnel), dans sa tonalité (joyeux, tragique, mystérieux, terrifiant...) et dans l'enchevêtrement des histoires, des thématiques littéraires, philosophiques ou scientifiques – sans parler des territoires secrets que dévoile l'interprétation psychanalytique. Un classique mille fois imité et copié, mais sans doute jamais égalé. •

Une trop bruyante solitude

Bohumil Hrabal

À lire pour découvrir un complément slave et alcoolisé du Fahrenheit 451 de Ray Bradbury.

1976

Robert Laffont, collection « Pavillons Poche », traduit du tchèque par Anne-Marie Ducreux-Palenicek.

128 pages

La Métamorphose de Franz Kafka, praguois lui aussi, et sans doute le plus fameux (p. 104).

Né en 1914 à Brno et mort en 1997 à Prague, Bohumil Hrabal est un des plus grands écrivains tchèques. Voilà déjà une bonne raison de lire *Une trop bruyante solitude*, son livre le plus connu – probablement son chef-d'œuvre, premier ouvrage qu'il vit paraître après une longue période durant laquelle il fut interdit de publication par le régime communiste de son pays.

Hanta, le personnage principal, travaille dans une cave infestée de rats où sont déversés à flots réguliers des vieux papiers qu'il est chargé de comprimer dans sa presse mécanique. Il voit passer beaucoup de livres, trop de livres, qui semblent n'intéresser plus personne et sont vus d'un mauvais œil par le pouvoir politique. Hanta, lui, est un fou de littérature, de philosophie, d'art en général ; il consacre autant de temps que possible à la lecture ; il sauve des livres qu'il entasse chez lui, dans un invraisemblable capharnaüm qui menace de l'engloutir…

Une trop bruyante solitude est une œuvre à la fois réaliste et onirique, drôle et terrible, pleine d'excès dans la langue comme dans les images. L'écriture y est intense, parfois même haletante, martelée par les battements assourdissants de la presse d'Hanta et imprégnée des vapeurs de l'alcool que le personnage boit à longueur de journée. Et malgré une fin forcément tragique, il y a cette grâce absolue qui traverse de part en part le roman, une grâce incarnée par la figure inoubliable d'un homme libre et épris de culture. •

> « **Je ne suis venu au monde que pour écrire *Une trop bruyante solitude*.** »
>
> — Bohumil Hrabal

Le Dernier Jour d'un condamné

Victor Hugo

À lire place de l'Hôtel de Ville, à Paris – l'ancienne place de Grève.

1829

Nombreuses éditions, notamment « Pocket », « Folio » et GF.

112 pages environ

Le Feu follet de Pierre Drieu la Rochelle, dernière journée d'un autre « condamné » (p. 70).

Paris, 10 septembre 1827. On a dressé la guillotine sur la place de Grève, et une foule impressionnante se presse pour assister à l'exécution d'Honoré Ulbach. Quatre mois plus tôt, celui-ci a assassiné à coups de couteau Aimée Millot, jeune et innocente bergère de 19 ans qui venait faire paître ses moutons dans ce qui est aujourd'hui le XIIIe arrondissement. Le drame a beaucoup marqué les esprits.

Victor Hugo assista-t-il ou non à l'exécution ? Les avis divergent. Une chose est certaine : il commença dès le lendemain la rédaction du *Dernier Jour d'un condamné* en s'inspirant de cette affaire. Son projet : dénoncer la peine de mort. Trois semaines plus tard, le roman était terminé. En quarante-neuf chapitres, dont certains d'à peine quelques lignes, il donne la parole à un homme dont on ne sait ni le nom ni ce qui lui a valu d'être condamné à la peine capitale. Peu importe. Ce qui importe, c'est cette voix, la voix d'un jeune père de famille qui va mourir et parle de ce qui se passe autour de lui, mais aussi en lui, alors qu'il ne lui reste que quelques semaines, puis quelques heures à vivre. La forme est moderne, Hugo se montre étonnamment sobre et concis, la deuxième moitié du livre est poignante, presque suffocante à mesure qu'approche l'inéluctable.

> « **Que dit la loi ? Tu ne tueras point ! Comment le dit-elle ? En tuant !** »
>
> – Victor Hugo, Les Misérables

« Qu'est-ce qu'un écrivain engagé ? » « Un livre peut-il changer le monde ? » On connaît ces sujets auxquels tous les lycéens et étudiants ont été confrontés un jour. À cet égard, *Le Dernier Jour d'un condamné* est le parfait exemple d'un livre engagé (il fit scandale, lors de sa publication) et qui a largement contribué à une évolution majeure de la société française – même s'il a fallu attendre plus de 150 ans pour voir l'abolition de la peine de mort… •

Le Motif dans le tapis

Henry James

À lire après avoir revu Zodiac, le film de David Fincher, hommage terrifiant au Motif dans le tapis, dans lequel le secret se transmet comme un virus.

1896

Gallimard, collection « Folio », traduit de l'anglais par Pierre Fontaney.

96 pages

L'Invention de Morel d'Adolfo Bioy Casares, ami de Jorge Luis Borges, lui-même grand admirateur du Motif dans le tapis (p. 28).

Parler à ses idoles peut être dangereux. Le narrateur du livre d'Henry James en sait quelque chose. Il vient d'écrire une critique sur le dernier roman de Hugh Vereker, auteur

> « **C'est une chose particulière, contenue aussi concrètement qu'un oiseau dans une cage.** »

qu'il admire. À la lecture de cet article, l'écrivain ne se confond pas en remerciements mondains comme le veut l'usage mais, au contraire, balaie le texte avec mépris et lassitude : il n'y voit que les « balivernes habituelles » qui passent à côté de l'essentiel. Rien d'étonnant à cela : personne n'a encore compris son œuvre, personne n'a identifié cet élément clé qui lui donne tout son sens, dissimulé dans ses livres comme un motif dans un tapis persan.

Le narrateur se jure alors qu'il sera le premier à trouver. Dans cette quête littéraire, il entraîne son ami Corvick et sa femme, Gwendolyn. Ils lisent, relisent, analysent… Un matin, Corvick envoie une lettre : « J'ai trouvé ! » Mais il meurt avant de pouvoir s'expliquer. La veuve a-t-elle recueilli sa confidence ?

En tournant les pages du *Motif dans le tapis*, le lecteur succombe peu à peu à la fièvre qui anime les trois protagonistes. Quel est le secret de ce livre ? Pourquoi le lit-on persuadé, comme ses personnages, qu'il contient une énigme ? Henry James cherche-t-il à nous faire toucher du doigt le mystère de la littérature ? Ou ironise-t-il simplement sur le manque de portée de la critique ? Aujourd'hui, ce roman doit surtout être lu comme un éloge du mystère, précieux à l'époque de la transparence et du commentaire généralisé. Ne pas expliquer mais ressentir, c'est déjà énorme. Ce pourrait même être une bonne définition de la lecture. •

La Métamorphose

Franz Kafka

À lire loin d'une salle de classe.
1915
Gallimard, collection « Folio », traduit de l'allemand par Claude David.

140 pages
Le Cahier rouge de Benjamin Constant, pour reprendre son souffle et retrouver le goût de l'insouciance (p. 60).

Souvenez-vous… Une salle de classe dans un collège (André Malraux, Louis Aragon ou Simone Weil), une journée grise du mois de février, la carte des « principales industries françaises et européennes » accrochée au mur, le léger grincement de la craie contre le tableau noir ou l'odeur entêtante du feutre, l'angoisse d'entendre son nom dans la bouche d'un prof, le conseil de classe qui approche et les chances de passer en seconde qui s'amenuisent à chaque interro, l'envie de graver un mot, n'importe quoi, sur la table avec la pointe d'un compas ou la lame d'un cutter et puis la voix du professeur de français qui reprend la lecture de cette histoire, ce type qui se transforme en cafard…

La Métamorphose, un classique, souvent étudié trop tôt. Le livre en a pâti. Réessayez, ouvrez-le, reprenez l'histoire de Gregor Samsa. Vous avez vécu pas mal de joies et de coups durs depuis la classe de troisième, les mots vous semblent plus évidents, les sentiments plus immédiats. Finalement, cette histoire de transformation en insecte s'efface derrière la peinture de la famille Samsa. Vous comprenez la détresse de Gregor. Tout le monde a donné son interprétation de ce livre et, plus vous avancez dans l'histoire, plus vous vous sentez prêt à formuler la vôtre. La fin vous déprime et vous sidère. Dix, vingt, trente, quarante ans après le collège, vous vous surprenez enfin à aimer Kafka. Voilà la véritable métamorphose. •

> « **Comparé à lui, des poètes tels que Rilke ou des romanciers tels que Thomas Mann font figure de nains.** »
>
> — Vladimir Nabokov à propos de Franz Kafka

Les Belles endormies

Yasunari Kawabata

À lire durant une nuit d'insomnie.

1961

Le Livre de Poche, collection « Biblio », traduit du japonais par René Sieffert.

128 pages

Nocturne indien d'Antonio Tabucchi, autre court roman de la pénombre et du dépaysement (p. 168).

Les Belles endormies? Des jeunes filles dénudées et plongées dans un sommeil profond à coup de puissants somnifères, auprès desquelles les habitués d'une maison un peu spéciale, exclusivement des vieillards, viennent passer la nuit. Mais attention ! Juste passer la nuit : pas question de relations sexuelles dans ces rapports tarifés ambigus où chacun, en vérité, vient chercher quelque chose de différent.

C'est la curiosité qui pousse le narrateur à s'aventurer dans cette maison anonyme située non loin de la mer. Egushi a 67 ans, il est marié, il est moins âgé que les autres clients, mais de plus en plus il sent le poids des ans. Durant ses cinq visites dans la maison, au contact de jeunes filles différentes, il va se remémorer toutes les femmes de sa vie, exercice de mémoire à la fois heureux

« Le vieil Egushi en était venu, dans cette maison, à penser que rien n'était plus beau que le visage insensible d'une jeune femme endormie. N'était-ce pas la suprême consolation que ce monde pouvait offrir ? »

et douloureux, drôle et tragique, d'autant qu'il se double d'une méditation sur la vieillesse, la déchéance physique, la mort...

Fascinant, éprouvant, rebutant, érotique, magnifique, poignant, cruel, mystérieux, crépusculaire... Les qualificatifs ne manquent pas pour évoquer ce texte d'une beauté sombre et lumineuse à la fois, qui captive autant par la précision chirurgicale de ses descriptions que sa finesse psychologique ou sa troublante sensualité. Il n'est pas anodin de savoir que Kawabata abordait la soixantaine, à sa parution, qu'il avait une santé très fragile et qu'il était drogué aux somnifères. Il y a donc beaucoup de lui dans ce court roman éminemment troublant. •

Silbermann

Jacques de Lacretelle

À lire quand on a envie de se poser des questions.
1922
Gallimard, collection « Folio ».
128 pages
L'Ami retrouvé de Fred Uhlman, évidemment, pour comparer ces deux histoires d'amitié troublées par l'antisémitisme (p. 178).

Il suffit parfois d'un livre pour sauver un écrivain de l'oubli. Jacques de Lacretelle (1888-1985), dont l'œuvre disparaît déjà sous un brouillard épais, demeurera sans doute « l'auteur de *Silbermann* ». L'histoire de ce court roman est assez classique : l'amitié entre deux adolescents – d'un côté le narrateur, jeune lycéen de la bourgeoisie protestante, fils de juge, et de l'autre un garçon de son âge, David Silbermann, juif et fils d'un marchand d'art, garçon brillant, exalté, imprégné de littérature française. C'est l'antisémitisme ambiant qui va les rapprocher ; et c'est ce même antisémitisme, omniprésent, de plus en plus violent, qui aura raison de leur amitié.

Publié en 1922, *Silbermann* dépeint sans fard la France du début du XXe siècle, encore fracturée par le profond traumatisme que représenta l'affaire Dreyfus. Mais à travers ce flash-back historique, il semble aussi annoncer les sombres années à venir. C'est à ce titre, notamment, que le roman est souvent étudié dans les collèges et les lycées – et parce que cette histoire d'amitié entre deux jeunes que tout oppose,

> « **Ce que je voudrais être, c'est un romancier intellectuel. Non pas écrire des romans à thèse, mais des romans où la vie de mes personnages ne primerait pas sur la vie de leurs idées.** »
>
> — Jacques de Lacretelle

leurs milieux comme leurs personnalités, est pleine d'intensité et d'émotion. *Silbermann* n'est pas pour autant un livre « facile ». En réalité, avec ses personnages opaques et changeants, son ambiguïté et un souci de réalisme parfois dérangeant, c'est un roman bien plus complexe qu'il n'y paraît… Lacretelle lui donna une suite en 1929, *Le Retour de Silbermann*. •

Fermina Márquez

Valery Larbaud

À lire quand tout vous tombe des mains.

1911

Gallimard, collection « Folio ».

160 pages

Détruire, dit-elle de Marguerite Duras, pour découvrir l'exact contraire (p. 72).

(Un couple, à une terrasse de café. La femme demande à l'homme ce qu'il a pensé de Vernon Subutex *qu'elle lui avait offert. Gêné, il avoue ne pas l'avoir lu. Il a préféré attaquer sa cinquième relecture de* Fermina Márquez.*)*

— Encore ! Mais qu'est-ce qu'il a de si spécial, ce livre ?

— D'abord, c'est bien écrit. Vraiment.

— A-t-on le droit de dire que X écrit mieux que Y ? Chaque auteur a sa voix.

— Oui, mais certains chantent faux.

— Et ton Larbaud ?

— On pourrait dire qu'il écrit mieux que tous les autres, ça réglerait le problème et nous éviterait une engueulade.

— Ah bon ! Et c'est quoi « écrire bien » ?

— Un style simple, sans mots savants, si précis et si fluide qu'il se lit « comme on pense », en enchaînant les idées et les actions dans le même mouvement. On a l'impression que l'on pourrait faire la même chose et, pourtant, on se casserait les dents dès la deuxième ligne.

— C'est tout ?

— Cela suffirait. Mais, en plus, Larbaud s'amuse. Cette histoire de collégiens amoureux d'une nouvelle élève est racontée à la première personne du pluriel, puis à la troisième et, enfin, à la première du singulier. Aujourd'hui, tu parlerais sans doute de « roman choral ». Mais, chez Larbaud, l'idée ne vient même pas à l'esprit. C'est un roman, point.

— Il y en a beaucoup d'autres, tu sais...

— Oui mais aucun comme celui-ci. •

« Je resterai enfoui dans le silence et dans l'obscurité ; je fuirai le monde. »

Carmilla

Sheridan Le Fanu

À lire un soir d'orage, sous sa couette.

1872

Le Livre de Poche, collection « Libretti », traduit de l'anglais par Jacques Papy.

124 pages

Le Vampire de Ropraz de Jacques Chessex, une histoire de vampire, là aussi. Ou plutôt, de prédateur… (p. 52)

Publié en 1897, le *Dracula* de Bram Stoker est souvent considéré comme le premier roman de vampires. S'il s'agit du plus fameux, ce n'est pas le premier : il eut quelques

« Tu es mienne, tu seras mienne, et toi et moi nous ne ferons qu'une à jamais ! »

prédécesseurs, dont le plus passionnant est sans aucun doute *Carmilla*, de Sheridan Le Fanu, écrivain irlandais réputé pour ses écrits fantastiques – et que Bram Stoker, irlandais lui aussi, reconnut comme son principal inspirateur.

Paru vingt-cinq ans avant *Dracula*, *Carmilla* s'inspire quant à lui des romans gothiques anglais de la fin du XVIIIe siècle – à commencer par sa jeune héroïne, naïve et innocente, orpheline de mère, qui mène une vie solitaire auprès de son père et de quelques domestiques dans un château perdu au milieu des forêts impénétrables de Styrie. Un soir, survient à bord d'un mystérieux attelage Carmilla, belle inconnue au charme aussi inquiétant qu'irrésistible, qui va séjourner dans le château. Peu après son arrivée, des jeunes filles de la région meurent inexplicablement, tandis que la santé de l'héroïne, pâle et affaiblie, se dégrade de jour en jour. Carmilla, on l'a compris, est une femme vampire...

Là où les romans terrifiants des XVIIIe et XIXe siècles s'étirent sur des centaines de pages, parfois interminablement, la nouvelle de Sheridan Le Fanu réussit le prodige de réunir en un mince volume tous les ingrédients du genre – décors romantiques et mystérieux, scènes horrifiques, rêves prémonitoires, coups de théâtre... Avec, en plus, les scènes intenses, troublantes, auxquelles donne lieu la passion amoureuse qui consume la virginale héroïne et Carmilla la prédatrice. Un vampirisme saphique que le cinéma reprendra largement à son compte des années plus tard. •

Victoria et les Staveney

Doris Lessing

À lire avant de voter.

2003

J'ai lu, traduit de l'anglais par Philippe Giraudon.

124 pages

Sylvius d'Henri Bosco, pour rencontrer un autre genre de famille envahissante… (p. 34)

Ce court volume cache bien son jeu. Sous ses allures modestes, il rassemble une fresque sociale et un roman de formation. Avec *Victoria et les Staveney*, Doris Lessing, Prix Nobel de littérature en 2007, reprend tous les thèmes qui lui sont chers : lutte des classes, immigration ou féminisme, chaque facette est abordée avec finesse pour servir l'histoire de Victoria, que l'on suit de ses 8 ans à l'âge adulte.

Enfant, cette jeune Noire de Londres entrevoit, pour quelques heures, le luxueux appartement des Staveney, des grands bourgeois libéraux, humanistes, au portefeuille plein et toujours rangé ostensiblement du côté du cœur. Victoria ne sait pas encore que cette simple visite l'unira à jamais au fils Staveney puis à l'ensemble de la famille.

Tous les personnages ont ici leurs raisons. Victoria veut la meilleure vie possible, les Staveney, eux, désirent aider à la mesure de leurs (immenses) moyens et de leur (insatiable) ambition. Doris Lessing ne force jamais le trait et fuit la caricature. C'est ce qui rend son livre si féroce et si fascinant. •

« **Doris Lessing n'a pas son pareil pour traquer l'hypocrisie sociale.** »

– André Clavel

Les Naufragés du Batavia

Simon Leys

À lire avant de partir en croisière.
2003
Points
124 pages

L'Amiral de Blaise Cendrars, conte maritime moins angoissant. Quoique… (p. 46)

Que penser de la nature humaine ? Vous avez deux heures. Il ne vous en faudra en effet pas plus pour lire le court récit que fait Simon Leys du naufrage du *Batavia*, en 1629. À quarante miles de l'Australie, ce navire hollandais s'échoue sur un récif de corail. Les rescapés trouvent refuge sur plusieurs petites îles arides. L'heure est bien évidemment à l'entraide pour organiser la survie de chacun. Pas vraiment…

L'auteur décrit avec minutie l'émergence d'un tyran sanguinaire, secondé comme il se doit par une cohorte d'exécuteurs zélés et anonymes. La barbarie, Simon Leys connaît. Il est l'auteur des *Habits neufs du président Mao*, l'un des premiers livres à dénoncer les massacres de la Révolution culturelle en Chine. La navigation aussi : il a embarqué à l'âge de 16 ans sur un chalutier en direction de l'Islande et a signé, plus tard, une anthologie intitulée *La Mer dans la littérature française*. Après une enquête précise, il reconstitue l'enchaînement des faits, l'implacable logique mêlant opportunisme, rivalités et lâcheté pour déboucher sur l'horreur. Plusieurs siècles après le naufrage, Simon Leys voit

« **Éblouissant de maîtrise et de profondeur.** »
— Philippe Sollers

resurgir le drame du *Batavia* d'une façon imprévue pour une conclusion ironique et philosophique. Alors, que penser de la nature humaine ? Disons qu'elle est toujours prête à commettre le pire mais se rattrape parfois avec de grands livres. •

L'Appel de la forêt
Jack London

À lire au chaud, après avoir payé sa note d'électricité.

1903

Flammarion, collection « Étonnants Classiques », traduit de l'anglais par Frédéric Klein.

150 pages

La Steppe d'Anton Tchekhov, pour poursuivre son initiation aux grands espaces (p. 172).

Et dire que certains n'y voient qu'un classique des livres pour enfants ! Pourquoi pas un « coup de cœur » pour le désopilant rayon « *young adults* » tant que nous y sommes ! Restons sérieux. Peu de livres sont aussi durs et frontaux que *L'Appel de la forêt*. Il faut avoir vécu un minimum pour en mesurer l'impact.

Buck, un chien de Californie, est enlevé à son maître pour être vendu dans un attelage de traîneau. Sa nouvelle vie de travailleur à la chaîne dans le Grand Nord est… inhumaine. Oui, même si l'on parle d'un animal et sans être particulièrement vegan, c'est le seul adjectif qui vient à l'esprit. Buck apprend à se battre, à survivre pour finir par redevenir un loup sauvage et se faire justice. Jack London retranscrit dans ce roman la violence vue et vécue lors

« **Buck franchissait d'un bond le gouffre des siècles, revenait à ses aïeux, touchait à l'origine même des choses.** »

de son expérience de chercheur d'or dans le Grand Nord et en fait un grand texte sur l'aliénation par le travail, la conquête de la liberté (ou de ce qui peut s'en approcher).

Aujourd'hui, à l'heure où la planète se retire, consumée, sous les pieds d'hommes de plus en plus nombreux, *L'Appel de la forêt* se lit aussi comme un éloge du retour aux origines, de l'éloignement de la technique qui ne peut qu'asservir... Et Jack London nous donne une indication non négligeable : ce mouvement indispensable ne se fera pas par la concertation, les « petits gestes du quotidien » ou le dialogue, mais par la violence. Un livre pour enfants ? Pas vraiment. •

Boule de Suif

Guy de Maupassant

- À lire en voyage forcément (un wagon de TGV fera l'affaire, faute de diligence).
- 1880
- Robert Laffont, collection « Pavillons Poche ».
- 150 pages
- Fanny Hill, la fille de joie de John Cleland (p. 54).

Rouen, 1870. Les troupes prussiennes entrent en ville, une diligence s'enfuit vers Dieppe. À son bord, des nobles, des bourgeois, des commerçants, un républicain, deux religieuses, bref, la France. La France et Élisabeth Rousset. Cette dernière vend ses charmes avec succès. Mais on peut être professionnelle sans oublier d'être patriote et Boule de Suif – son « nom de scène » rendant hommage à ses formes – a décidé de fuir l'occupant plutôt que de faire fructifier ses affaires grâce à lui. Sa présence dans le véhicule dérange les dames et par ricochet les messieurs. D'autant qu'Élisabeth pense mal : elle ne cache pas son admiration pour Bonaparte. L'heure n'est plus aux disputes. Il s'agit de partir, et vite. Arrivés à la première étape, les voyageurs tombent sur une patrouille prussienne. Leur

« *Boule de Suif* **est un chef-d'œuvre.** »

— Gustave Flaubert

officier est intraitable : si la diligence veut repartir, Boule de Suif doit coucher avec lui. L'auteur montre alors les interventions de chacun pour que la prostituée revienne sur ses positions. Il faut savoir s'adapter, lui expliquent ses compagnons de voyage.

L'art de Maupassant est celui de la vitesse. Il s'efface d'abord derrière ses personnages, décrit les atmosphères, les non-dits, les sous-entendus derrière chaque conversation et surgit soudain d'entre les lignes pour frapper juste : « Tous ces gens qui fuyaient rendirent hommage au courage des autres. » Bing ! Imparable. « Il vole comme le papillon et pique comme l'abeille », pour reprendre la formule du critique littéraire Mohammed Ali.

Puis, il disparaît de nouveau, laisse filer les heures, parle de l'ennui des voyageurs… Quand les hommes se mettent d'accord entre eux, ils ne peuvent produire que le pire. Maupassant en est convaincu. Alors, il revient pour cogner sec : « Personne ne la regardait, ne songeait à elle. Elle se sentait noyée dans le mépris de ces gredins honnêtes qui l'avaient sacrifiée d'abord, rejetée ensuite… » Gredins honnêtes, l'uppercut parfait. Victoire par K.O. avec ce chef-d'œuvre intemporel sur le pragmatisme que les belles âmes travestissent si vite en courage ou en générosité. •

Le Baiser au lépreux

François Mauriac

À lire quand on se trouve une « sale gueule » dans le miroir.

1922

Gallimard, collection « Folio ».

114 pages

Lourdes, lentes... d'André Hardellet, le roman de la sensualité. Pour équilibrer... (p. 94)

François Mauriac ne fait pas l'unanimité : trop provincial, trop catholique, trop classique, trop gaulliste… ses détracteurs ne désarment pas. Mauriac s'en moque pour une

> « **Un des derniers monstres sacrés de notre littérature.** »
>
> — Jean d'Ormesson

simple et bonne raison : il est un romancier exceptionnel. Dès qu'il écrit une ligne, le lecteur y croit.

Ce talent hors norme remporte son premier succès public avec *Le Baiser au lépreux*. Jean Péloueyre, le héros, est riche mais d'une laideur repoussante. Un mariage est arrangé avec Noémi. Il est conscient de son physique rebutant, elle voudrait être une bonne épouse malgré son dégoût naturel. Le jeune couple tentera de lutter contre l'évidence – la laideur, la vraie, contrairement à la beauté, ne se discute pas – et contre l'instinct.

Ceux qui ne voient qu'un moraliste suranné et vieillot chez Mauriac doivent le lire de travers ou peut-être sautent-ils des pages par peur de changer d'avis. Ce qui frappe au contraire, c'est une précision psychologique étonnante, sidérante même, presque cruelle. Quel auteur soi-disant plus libéré ou plus « punk » serait capable d'écrire « trempé de sueur, Jean n'osait bouger, plus hideux qu'un vers auprès de ce cadavre enfin abandonné » pour décrire le couple après sa première nuit d'amour ? Mauriac analyse avec intelligence les ondes de choc de cette union à travers des personnages inoubliables comme le père Péloueyre, tyran hypocondriaque, ou un jeune médecin au destin tragique. Dix ans après la sortie du livre, toujours habité par ce roman, il écrira une nouvelle fin (disponible dans l'édition poche). Elle est encore plus impressionnante que le dénouement originel. •

Reflets dans un œil d'or

Carson McCullers

À lire avant d'aller voir le film de Huston, pour comparer.

1941

Le Livre de Poche, traduit de l'anglais par Charles Cestre.

127 pages

Le Brigand bien-aimé d'Eudora Welty, grande représentante de la littérature du Sud américain avec Carson McCullers (p. 184).

Elles sont fameuses, les deux phrases situées en ouverture de *Reflets dans un œil d'or*, et qui tracent les grandes lignes du livre : le décor, les personnages et le drame inévitable qui conclura l'intrigue. Une intrigue assez secondaire, et de toute façon presque inexistante ; on est en temps de paix, et il ne se passe vraiment pas grand-chose dans ce fort militaire du sud des États-Unis où sont confinés les protagonistes du roman. Tout, ici, n'est qu'ennui et routine, conventions sociales, pesanteur hiérarchique…

Du moins, en apparence. Car sous cette surface policée, sans remous, Carson McCullers dévoile un monde bouillonnant, incandescent, régi par la passion, le désir, une sexualité omniprésente, mais souvent refoulée, des sentiments inavoués qui tissent entre les personnages des relations parfois extrêmes et en entraînent certains au bord de la folie. La force du livre, son pouvoir de fascination, viennent sans doute du décalage permanent entre les apparences et la réalité qu'elles cherchent à cacher, étouffer. L'auteure n'avait que 24 ans lorsqu'elle publia ce court roman, audacieux, l'un des premiers à aborder aussi frontalement la question homosexuelle.

> « **Il y a un fort, dans le Sud, où il y a quelques années un meurtre fut commis. Les acteurs de ce drame étaient deux officiers, un soldat, deux femmes, un Philippin et un cheval.** »

Le film que John Huston a tiré de ces *Reflets dans un œil d'or*, avec Marlon Brando et Elizabeth Taylor, est plus connu que le livre. C'est injuste, car n'en déplaise à certains, le roman de Carson McCullers est autrement plus subtil et envoûtant que son adaptation. •

Bartleby le scribe

Herman Melville

À lire séance tenante – et il n'y a pas de « I would prefer not to » qui tienne !

1853

Gallimard, collection « Folio », traduit de l'anglais par Pierre Leyris.

108 pages

La Soirée avec monsieur Teste de Paul Valéry, pour l'étonnante parenté qui unit les deux personnages – Teste et Bartleby (p. 180).

Ils fascinent, ces cinq petits mots – *I would prefer not to* –, que Bartleby, le personnage principal de la nouvelle d'Herman Melville, répète comme une antienne. Cinq mots traduits de cent façons ou presque : « Je préférerais ne pas », « je ne préférerais pas », « j'aimerais mieux pas », « je préférerais n'en rien faire », etc. Cinq mots et un personnage qui ont donné lieu à d'innombrables interprétations.

Parue en 1853, la nouvelle a pour cadre Wall Street et les bureaux d'un avoué, le narrateur, où travaillent déjà deux personnes. Bartleby y est engagé comme copiste, s'acquittant les premiers temps avec zèle et efficacité de ses missions. Jusqu'au jour fatidique où, alors que son employeur lui demande d'effectuer une tâche, il formule pour la première fois son fameux : « Je préférerais ne pas. » Message d'opposition et de passivité, voire de renoncement, qu'il va répéter, de plus en plus souvent, avec obstination, sans autre issue possible que la tragédie – et sans qu'on ait la clé de son si singulier destin.

La fascination qu'exerce forcément Bartleby, personnage impénétrable, intemporel, ne doit pas faire oublier le texte lui-même, parfait dans sa concision (on est loin des 750 pages de *Moby Dick*, autre chef-d'œuvre de l'auteur !) et la simplicité du style, la rigueur de sa narration. Il y a aussi cet étrange mélange d'humour, d'absurde et de désespoir qui n'est pas sans évoquer un certain Franz Kafka, qui publiera sa *Métamorphose* une soixantaine d'années plus tard. •

« **I would prefer not to.** »

Memory Lane

Patrick Modiano

- À lire dans un café du VIIIe arrondissement de Paris (écrire aux auteurs du présent recueil qui communiqueront les meilleures adresses).
- 1981
- Points.
- 68 pages
- Le Chemin des morts de François Sureau, évocation subtile de souvenirs entêtants (p. 164).

Un pedigree, *Voyage de noces*, *Dans le café de la jeunesse perdue*… les romans courts ne sont pas ce qui manque chez Patrick Modiano. Mais *Memory Lane* passe souvent inaperçu. Il condense pourtant ce qui fait l'attrait unique du Prix Nobel 2014 : le passé que l'on s'efforce de réanimer, le jeune homme recueilli par une bande plus âgée, les XVIe et VIIIe arrondissements de Paris, la Côte d'Azur, les réminiscences de faits-divers… Plus le lecteur apprend à connaître les personnages, plus leur mystère s'épaissit. C'est la loi des livres de Patrick Modiano : l'information n'élucide rien, au contraire. Ce sont des romans noirs, amputés de l'intrigue et de la résolution.

La bande d'amis décrite dans *Memory Lane* semble plus présente, plus proche que celles des autres romans de l'auteur. Peut-être est-ce dû aux illustrations de Pierre Le-Tan qui rythment le livre ? Difficile en tout cas d'oublier Paul Contour qui « semblait toujours revenir de la plage, chaussé d'espadrilles », Winegrain et son lit de camp au sous-sol d'un bar, Maddy à laquelle « les estivants demandent, sans trop savoir pourquoi, des autographes », tous sur la corde

> **« L'automne vient avec le passage des oies de Norvège, et il est nécessaire de se trouver des occupations. »**

raide, à la merci des souvenirs. Sous leur influence, le style de l'auteur semble parfois plus naturel, plus relâché comme peut l'être une conversation tardive. L'introduction idéale à une œuvre sans équivalent : par la porte dérobée. •

Un soir, à Londres
Michel Mohrt

À lire, eh bien... un soir et à Londres, par exemple.
1991
Gallimard, collection « Folio ».
90 pages
La Chambre de ton père de Michel Déon, grand ami et complice de Michel Mohrt (p. 64).

Il existe bien des façons de rater un roman, à commencer par les dialogues. Rien de plus rédhibitoire qu'une réplique qui sonne faux ou tombe mal, qu'une diatribe explicative. Dans *Un soir, à Londres*, toute l'histoire passe par une longue conversation entre deux amis, Martin et Vicky, qui se sont perdus de vue depuis plusieurs années. Les souvenirs affluent, lentement, en désordre. Le ton fluctue, d'abord amusé, puis irrité ou ému… Épris de l'Angleterre, l'auteur distille une atmosphère parfaitement britannique, faite de boiseries et d'ironie. On apprend ainsi que Vicky fut mariée à Chris, que ce dernier a disparu sans laisser d'adresse. Les raisonnables le croient mort et les autres parlent de lui avec ferveur un soir, à Londres. Michel Mohrt reste fidèle aux thèmes qui irriguent ses grands romans

« Les écrivains français ont peur des lieux communs. Dans *Adolphe*, que j'aime beaucoup, il n'y a pas de dialogue. »

— Michel Mohrt

comme *Mon royaume pour un cheval* ou *La Campagne d'Italie* : les voyages, la mer, la guerre, l'Occupation, la tension – inévitable chez les personnes un peu sérieuses – entre l'engagement et la fidélité en amitié… Le XXe siècle défile par touches, de manière impressionniste, sans jamais prétendre à la fresque historique. Il existe bien des façons de réussir un roman, à commencer par les dialogues. Si l'on possède la maîtrise et le talent de Michel Mohrt. •

Hécate et ses chiens

Paul Morand

À lire quand on ne croit plus en rien, que l'on cherche un compagnon d'infortune.

1954

Gallimard, collection « L'Imaginaire ».

108 pages

Histoire de l'œil de Georges Bataille, pour descendre encore plus bas (p. 20).

Quand Paul Morand écrit *Hécate et ses chiens*, il n'a plus rien à prouver ni à perdre. Il a été préfacé par Marcel Proust dès sa première publication, a déjà signé plusieurs grands livres (des romans et surtout de fantastiques recueils de nouvelles) et sa réputation est calamiteuse depuis son poste d'ambassadeur du gouvernement de Vichy. On salue parfois le styliste mais on condamne souvent l'homme ; cet angle mort de la notoriété pourrait parfaitement convenir à un caractère aussi secret. Pourtant, avec ce roman, Morand prend un risque.

Clotilde, l'héroïne, vit sous l'emprise d'une perversion sexuelle, peut-être la pire qui soit. Elle ne s'en plaint ni ne s'en réjouit : elle l'assouvit. « Chez elle, le mal coulait de source », écrit le narrateur, son amant, pour parler de cette vie commune, racontée comme une descente aux enfers. « Il m'a fallu quinze ans pour guérir », ajoute-t-il.

Aucun passage scabreux mais aucune esquive non plus : on glisse lentement vers l'innommable, effarés. Le style est éblouissant de clarté. Paul Morand semble découper de petits échantillons à même la vie, pour nous les restituer, limpides, prêt à libérer le mystère et la morale qui nous sont invisibles au quotidien. La scène finale n'est pas un coup

> « **Par moment, je redeviens une maison hantée qui fabrique ses propres fantômes.** »

de massue comme beaucoup d'auteurs l'auraient voulu sur un sujet aussi choquant mais plutôt un soufflet en public, sec, humiliant, dont on sent longtemps la trace sur la joue. *Hécate et ses chiens* deviendra l'argument préféré des ennemis de Morand pour lui barrer la route vers l'Académie française. Pour les autres, il s'imposera comme le roman que l'on ne conseille qu'aux vrais amis. •

L'Enchanteur

Vladimir Nabokov

À lire dans un jardin public.

1986

Points ou Rivages Poche (deux éditions épuisées – un scandale ! –, mais faciles à trouver d'occasion), traduit de l'anglais par Gilles Barbedette.

150 pages

La Mort d'Ivan Ilitch de Léon Tolstoï, nouvelle que Vladimir Nabokov considérait comme « la plus artistique, la plus parfaite » de l'auteur, et sa « réussite la plus raffinée » (p. 174).

Dans un jardin public parisien, un homme tombe sous le charme d'une fillette de 12 ans. Fou de désir, il fait en sorte de lier connaissance avec la mère – veuve, laide et malade –, dont il s'attire rapidement la confiance et qu'il finit par convaincre de l'épouser. Le voici au plus près de l'objet de sa convoitise. La mort tant espérée de la mère va lui permettre de se retrouver seul avec la fillette, qu'il emmène en voyage dans le Sud…

Ainsi présenté et résumé, *L'Enchanteur* n'aurait sans doute pas beaucoup de chances de trouver aujourd'hui un éditeur. Ledit résumé fait évidemment penser au livre le plus célèbre de Vladimir Nabokov : *Lolita*. *L'Enchanteur* fut écrit à Paris, en 1939, alors que Nabokov était sur le point de quitter l'Europe pour rejoindre les États-Unis. La nouvelle

« Était-ce de la concupiscence, cette torture qu'il ressentait en la consumant du regard, émerveillé par son visage en feu, par le caractère ramassé et la perfection de chacun de ses gestes – en particulier lorsque, s'étant à peine figée, elle repartait précipitamment en tirant à toute pompe sur ses genoux proéminents ? »

fut égarée, retrouvée, rangée dans des tiroirs, pour n'être publiée qu'en 1986, soit onze ans après la mort de l'auteur et près de trente ans après la publication de *Lolita*.

On peut s'amuser à comparer les deux textes pour établir les similitudes et les différences, les secondes étant d'ailleurs bien plus nombreuses que les premières. Mais il faut surtout prendre *L'Enchanteur* pour ce qu'il est : une absolue merveille d'ironie et d'ambiguïté, où la parodie se glisse entre chaque mot. L'auteur s'y amuse comme un fou, et le lecteur se délecte, au sens gourmand du mot. *L'Enchanteur* est aussi une parfaite introduction à l'art de Nabokov. •

Délicieuses Pourritures

Joyce Carol Oates

À lire pour frissonner de plaisir.
2001
Le Livre de Poche, traduit de l'anglais par Claude Seban.

128 pages
Pour rester dans le registre gothique : Carmilla de Sheridan Le Fanu (p.112).

Tous les ans ou presque, c'est la même chose : parmi les quelques noms qui circulent pour l'attribution du prix Nobel de littérature, celui de Joyce Carol Oates figure toujours aux premières places. « JCO » a pour elle une œuvre

> « **N'ayez pas peur : fouillez au fond de vous-mêmes…** »

considérable, composée d'innombrables romans (écrits sous son nom ou sous pseudonyme), nouvelles, pièces de théâtre, essais, recueils de poésie et autres ouvrages pour la jeunesse. Un ensemble tentaculaire qui vaut à son auteure d'être considérée aujourd'hui comme l'un des plus grands écrivains américains. Publié au début des années 2000, *Délicieuses Pourritures* est une des *novella*, créations hybrides entre roman et nouvelle, qui ponctuent la bibliographie de Joyce Carol Oates.

128 pages fiévreuses et intenses, récit envoûtant de l'emprise d'un couple manipulateur, un prof de lettres et sa femme artiste, sur les jeunes filles d'une fac. Le cadre est celui d'un *campus novel* – au milieu des années 1970, dans une petite ville universitaire du Massachusetts –, mais le livre a tout d'un roman gothique moderne, fascinant et malsain à souhait. Fantasmes sexuels, sadisme, masochisme, domination, suicide, anorexie, drogue… c'est tout cela qui irrigue le texte et donne une œuvre troublante, inconfortable, qui joue de façon virtuose avec la sensibilité du lecteur. •

La Ferme des animaux

George Orwell

À lire en regardant passer une manifestation.

1945

Gallimard, collection « Folio », traduit de l'anglais par Jean Queval.

150 pages

Cœur de chien de Mikhaïl Boulgakov, « fable » animalière tout aussi cruelle (p. 36).

Si La Fontaine avait connu le communisme, il aurait sans aucun doute fait des merveilles en traquant l'abomination derrière le ridicule, l'horreur derrière les envolées partageuses. Malheureusement, on ne peut pas grand-chose contre l'enchaînement chronologique des siècles. En 1945, George Orwell a comblé ce vide avec une « fable » animalière acide. C'est moins bien écrit que La Fontaine (de toute façon, personne n'écrit mieux…) mais le texte n'a rien perdu de sa justesse ni de sa force dévastatrice.

Portés par les principes de Sage l'Ancien, les cochons de la ferme se révoltent. L'un d'entre eux, Napoléon, prend la tête de la révolution avec son rival Boule de Neige (qui finira dévoré par des chiens sur ordre du leader). Les grands commandements fixent le cadre de la nouvelle société :

« Article 1 : Tout deux pattes est un ennemi. Article 2 : Tout quatre pattes ou volatile est un ami. » L'avenir sera radieux à défaut d'être subtil. Après de nombreux morts, il ne restera plus qu'un principe fondateur : « Tous les animaux sont égaux mais certains sont plus égaux que d'autres. » Les chevaux, les chiens, les moutons ont compris que l'on ne parlait pas d'eux.

> **« L'homme est la seule créature qui consomme sans produire. Il ne donne pas de lait, il ne pond pas d'œufs, il est trop débile pour pousser la charrue… »**

Marx, Trotsky, Staline… pas un ne manque. Mais Orwell voit plus loin que l'URSS : « Selon moi, les révolutions n'engendrent une amélioration radicale que si les masses sont vigilantes et savent comment virer leurs chefs dès que ceux-ci ont fait leur boulot. » Oui, mais après ? D'autres chefs ? Puis d'autres révolutions ? D'autres cochons qui, comme dans le livre, se réserveront le lait et les pommes ? La politique est une impasse très fréquentée. •

Sonietchka

Ludmila Oulitskaïa

À lire en se versant une troisième vodka.

1992

Gallimard, collection « Folio », traduit du russe par Sophie Benech.

108 pages

La Bouche pleine de terre de Branimir Šćepanović, autre coup de poing venu de l'Est (p. 150).

C'est un roman court qui fait le même pari qu'un long : distiller un charme lancinant, subtil, de plus en plus envoûtant à chaque page et pourtant impossible à identifier. Qu'est-ce qui retient le lecteur dans l'histoire de Sonia, de son mariage avec Robert, de la trahison de ce dernier pour une femme plus jeune ? Difficile à dire. Mais le sortilège est bien réel.

Ludmila Oulitskaïa sait parfaitement conjuguer la grande et la petite histoire. Les drames du XXe siècle (camps de concentration, stalinisme…) affleurent derrière les soubresauts du couple. L'auteur en connaît le prix : sa carrière scientifique a été stoppée net en raison de son soutien aux écrivains dissidents et il lui faudra attendre la chute de l'URSS pour être publiée.

« Elle tombait en lecture comme on tombe en syncope, ne reprenant ses esprits qu'à la dernière page du livre. »

Comment a-t-elle tenu sous cette chapka de plomb ? Peut-être grâce à la même méthode qui permet à son héroïne Sonia de tout endurer : depuis son plus jeune âge, Sonia lit, sans interruption. « Ce goût pour la lecture la poursuivait jusque dans son sommeil : même ses rêves, on pouvait dire qu'elle les lisait. » On comprend alors un peu mieux le charme de ce livre, couronné par le prix Médicis à sa sortie : derrière le portrait de couple, il s'agit d'une ode à « ce vice impuni, la lecture ». •

Un homme qui dort

Georges Perec

À lire dans sa chambre, volets fermés.

1967

Gallimard, collection « Folio ».

140 pages

Les Dimanches de Jean Dézert de Jean de La Ville de Mirmont, pour découvrir l'ancêtre de cet homme qui dort (p. 182).

Tu ouvriras ce livre et découvriras ce qui peut arriver de pire : rien. Le détachement. Tu te diras qu'un roman sur rien, ce n'est pas passionnant. En plus, cette façon de s'adresser au personnage, à la deuxième personne du singulier, tu l'as déjà plus ou moins lue chez Michel Butor, dans *La Modification*. Butor, lui, vouvoyait. Cela lui donnait un certain charme, presque classique. Ici, c'est le tutoiement, rugueux, presque brutal… Tu hésiteras à refermer le livre après la lecture d'une dizaine de pages. Mais tu poursuivras, sans même le décider. Un peu comme le personnage du roman qui continue à vivre sans y trouver la moindre justification. Les gestes accomplis hier n'ont, pour lui, plus aucune signification aujourd'hui. L'indifférence enveloppe tout. Le monde devient neutre, comme on parle d'un « pH neutre » qui n'agresse pas la peau. Tu chantonneras doucement ce texte de Michel Houellebecq mis en musique par Bertrand Burgalat: « Tu déjeuneras seul / d'un panini saumon / dans la rue de Choiseul / et tu trouveras ça bon. » Sauvé par un panini... Tu souriras avant de reprendre ta lecture. Tu laisseras passer plusieurs rames de métro. Puis, tu tourneras la dernière page de ce roman avec l'impression d'avoir marché quelques heures sur un chemin de montagne, en longeant un précipice. Étrangement, il s'agira d'une sensation familière. Tu te rendras compte que tu la ressens un peu chaque jour devant une machine à café, à l'arrêt d'un bus, en soulevant des poids dans un club de sport. Pour l'instant, tu auras toujours réussi à avancer le long du vide, sans glisser, c'est une satisfaction. Tu regarderas alors la couverture du livre avec un mélange de complicité et d'effroi. •

« **Tout est lourdeur, bourdonnement, torpeur. Tu te laisses glisser. Tu plonges dans le sommeil.** »

Le Banquier anarchiste

Fernando Pessoa

- À lire avant d'ouvrir un compte en banque.
- 1922
- Christian Bourgois, collection « Titres », traduit du portugais par Françoise Laye.
- 105 pages
- La Ferme des animaux de George Orwell, si l'on veut continuer à parler politique (p. 138).

Faire faillite puis se faire renflouer par les gouvernements, remplacer les emplois humains par des automates tout en réclamant des « frais de gestion de dossier »... Les banques n'ont cessé d'innover. Et, malgré ces efforts louables, l'image

> « **Non, je n'avais pas de scrupules. Pourquoi en aurais-je eu ?** »

du métier n'a fait que se détériorer. C'est injuste, convenons-en. Le roman de Fernando Pessoa pourrait bien changer la donne. Écrite sous la forme d'une longue conversation, l'unique fiction du maître portugais met en scène un banquier qui explique son anarchisme véritable, incontestable. En résumé, il estime qu'il s'est libéré de toutes ses chaînes sociales en prenant le pouvoir sur l'argent. Si tout le monde agissait comme lui, le nombre d'hommes libres serait multiplié et la révolution enfin possible, alors que les tentatives actuelles n'aboutissent qu'à la mise en place d'une autre tyrannie.

Convaincu, convaincant, l'homme vise juste sur pas mal de points et emporterait presque l'adhésion. C'est d'ailleurs la force du roman : suivre le raisonnement, sans ironie, sans commentaires superflus. Mais derrière la leçon d'habileté politique, se fait peu à peu entendre une mélodie plus discrète, plus tenace aussi : et si la force du capitalisme tenait dans sa capacité à intégrer toutes les tentatives de rébellion, toutes les marges pour les désactiver et en faire des arguments de promotion ? La portée de cette idée traverse les époques pour venir percuter la nôtre, frontalement. Tout l'après Mai 68 est dans ce livre écrit en 1922. •

Bubu de Montparnasse

Charles-Louis Philippe

À lire à une table du Select – 99, boulevard du Montparnasse, dans le VIe arrondissement parisien.

1901

Grasset, collection « Les Cahiers Rouges ».

126 pages

Fermina Márquez de Valery Larbaud, qui fut l'ami de Charles-Louis Philippe (p. 110).

Est-ce vraiment Maurice Bélu, alias Bubu de Montparnasse, le héros de ce roman ? La question se pose à mesure qu'on avance dans le livre. Ne serait-ce pas plutôt Berthe Méténier, la petite fleuriste que ce personnage peu recommandable a mise sur le trottoir ? Voire Pierre Hardy, le jeune homme au cœur simple qui tombe amoureux d'elle et va tenter de la sortir des griffes de son souteneur ? À moins que ce ne soit Paris, le Paris de 1900, magnifiquement dépeint, celui des marges, de la nuit de Montparnasse ou du boulevard Sébastopol, éclairé par la lumière criarde des « arcs voltaïques ». Ce pourrait être encore la syphilis, menace omniprésente dans la société de l'époque.

Bubu de Montparnasse est le roman de la prostitution, des petites gens, de la violence et de la misère. Mais on

« Elle savait de quoi se compose l'amour depuis qu'elle laissait les mâles après elle courir, qui profitent de toutes les faiblesses et satisfont tous leurs besoins. Elle savait qu'il faut convertir l'amour en espèces, car l'amour est fatigant, et c'est l'argent qui réconforte. Tout cela, Berthe le savait à vingt ans. »

est loin du naturalisme, souvent voyeuriste et racoleur, parfois édifiant, qui a prévalu pendant le XIXe siècle. Fils d'un sabotier de l'Allier, menant à Paris une vie des plus modeste, Charles-Louis Philippe parle de ce qu'il connaît et respecte ceux qu'il raconte. Cet auteur engagé, précurseur du roman populiste, a une affection sincère pour ses personnages, quels qu'ils soient. Et puis, dans sa prose, il y a cette poésie discrète qui « trahit » le poète que fut Philippe avant de se tourner vers le roman ; il côtoya les plus grands noms de la fin de siècle, et fut l'ami de Francis Jammes, André Gide, Valery Larbaud, Paul Claudel ou Max Jacob. Il fut aussi l'un des fondateurs de *La Nouvelle Revue Française*. •

Mon ange

Guillermo Rosales

À lire l'estomac bien accroché.
1987
Actes Sud, collection « Babel », traduit de l'espagnol par Liliane Hasson.

128 pages
Fanny Hill, la fille de joie de John Cleland, pour sauter du coq à l'âne et se changer les idées... (p. 154)

Double transparent de l'auteur, le narrateur est un écrivain cubain qui a fui son pays pour échapper au régime castriste, avec des rêves de liberté et l'espoir de guérir la schizophrénie dont il souffre. Des rêves et un espoir qu'il lui a fallu vite abandonner. À Miami, seul et rejeté par la communauté cubaine « installée », il se retrouve dans une *halfway house*, un de ces refuges privés aux allures de mouroirs où échouent les exclus – malades mentaux, vieillards, handicapés... L'endroit, sordide, n'est que laideur, violence et saleté. Jusqu'au jour où une nouvelle résidente arrive. Si jeune, si belle.

Un ange...

On peut être tenté d'abandonner le livre au bout de vingt ou trente pages, rebuté jusqu'au malaise par sa noirceur. Mais on ne quitte pas *Mon ange* aussi facilement. Déjà,

« On pouvait lire *boarding home* sur la façade de la maison, mais je savais que ce serait mon tombeau. »

il a imprimé sa marque en nous, en même temps qu'un lien indéfectible nous unit à son héros, lecteur de Proust, de Joyce et de poésie anglaise, déchirant personnage écartelé entre ses rêves et le cauchemar de son quotidien.

Guillermo Rosales s'est donné la mort à l'âge de 47 ans, après avoir détruit ses manuscrits inédits. Il ne reste de son œuvre qu'un roman, et surtout cet *Ange*, livre longtemps interdit dans son pays, un diamant noir qui rayonne d'un feu auquel il faut accepter de se brûler. •

La Bouche pleine de terre

Branimir Šćepanović

À lire si possible pas seul et pas dans une forêt.

1974

Le Rocher, collection « Motifs », traduit du serbo-croate par Jean Descat.

96 pages

Une trop bruyante solitude de Bohumil Hrabal, histoire de solitude et de résistance, parue à la même époque (p. 98).

Ce roman est aussi pur qu'un plan séquence de cinéma. Aucune coupure, aucun montage, aucun artifice mais une action hypnotique. Des réalisateurs comme Orson Welles ou Andreï Tarkovski auraient tiré des images éblouissantes des lignes écrites par Branimir Šćepanović. L'auteur serbe, véritable prodige des lettres qui débuta sa carrière d'écrivain à 17 ans, a toujours placé le thème de l'affrontement au cœur de ses livres. Avec *La Bouche pleine de terre*, il décrit de nouveau une troublante confrontation.

Un homme se sait condamné par la maladie et désire marcher jusqu'à son village natal pour mourir chez lui. Il tombe sur deux campeurs. Sans raison apparente, sans même échanger un mot, il décide de fuir et les deux autres de le pourchasser. S'il court, c'est qu'il doit avoir quelque chose à cacher. Plusieurs personnes se joignent aux poursuivants, certaines s'inventent un motif, d'autres emboîtent le pas sans mobile particulier. Cette chasse à l'homme, de plus en plus irréelle, comme tirée d'un cauchemar, poussera l'ensemble des protagonistes jusqu'à leurs limites physiques et psychologiques. Aucun faux-semblant n'y résistera, pour le traqué comme pour la meute. Le rythme se ralentit, laissant place à « un silence de plus en plus douloureux ». Le plan séquence se termine sur un visage essoufflé, hébété, impressionné : celui du lecteur. •

« **Avions-nous, dans ces conditions, d'autre ressource que de le haïr ?** »

Mademoiselle Else
Arthur Schnitzler

À lire dans un palace ou à Vienne, après avoir visité le cabinet du Dr Freud.

1924

Le Livre de Poche, traduit de l'allemand par Henri Christophe.

96 pages

Premier Amour d'Ivan Tourgueniev, autre histoire freudienne en diable (p. 176).

Else, 19 ans, est certes têtue, hésitante, charmante, peste, intéressante, futile, piquante, prévisible, insaisissable… mais elle ne nous ment pas. Jamais. Comment en sommes-nous aussi sûrs ? C'est simple, le roman nous plonge littéralement dans sa tête, par le biais d'un monologue intérieur que Schnitzler maîtrise à la perfection. Proust parlait des « intermittences du cœur », nous y sommes. Dans l'œil du cyclone intime que chacun abrite et contient avec plus ou moins de difficulté.

Le rythme de l'histoire fluctue donc au gré des pensées de la jeune fille et, soudain, s'emballe. Car *Fräulein* Else affronte une épreuve imprévue : pour sauver son père de la ruine, elle doit extorquer une somme d'argent à M. von Dorsday. Ce dernier ne pose qu'une seule condition :

voir la jeune femme nue, le soir même. La proposition « force » l'esprit de Else, à la manière d'un cambrioleur qui s'acharne sur une porte. Désirs, refoulements, fantasme de la prostitution, sac et ressac du pur et de l'impur, une pointe d'inceste... Le roman culmine avec une scène finale

> « **Je pense que je vous ai évité de crainte de rencontrer mon double.** »
>
> — Sigmund Freud, dans une lettre adressée à Arthur Schnitzler

exceptionnelle, érotique et poignante. On n'est pas sérieux quand on a 19 ans ou, au contraire, on l'est souvent trop, sans oser se l'avouer. L'ironie de la jeune Else n'était qu'une façade de carton-pâte. S'amuser à prendre le contre-pied de son éducation, c'est toujours lui obéir. L'inconscient n'en a fait qu'une bouchée. •

Le Livre de Monelle

Marcel Schwob

À lire en pleine crise mystique.
1894, revu en 1903
Allia.

128 pages
Un an de Jean Echenoz, grand admirateur de Marcel Schwob (p. 76).

Il existe en français une drôle d'expression – «écrivain pour écrivain» – qu'on accole comme une étiquette sur des auteurs souvent cités et reconnus par leurs pairs, mais ignorés ou presque du grand public. Marcel Schwob (1867-1905) en est une illustration parfaite. Cet érudit fréquenta les plus grands noms de la littérature du tournant du XXe siècle et laissa une œuvre courte, singulière, aux multiples facettes, qui a influencé des auteurs comme Jorge Luis Borges, Roberto Bolaño, Antonio Tabucchi, mais aussi Michel Leiris ou Pierre Michon… la liste est sans fin.

Le Livre de Monelle est une œuvre mystérieuse, au sens quasi religieux du terme. On y suit l'auteur sans savoir où il nous emmène; on progresse à tâtons, privé de certitude, au fil des trois parties qui composent l'ouvrage, liées et

« Les pages les plus parfaites qui soient dans notre littérature, les plus simples et les plus religieusement profondes qu'il nous ait été donné de lire. »

– Maurice Maeterlinck

indépendantes à la fois – *Paroles de Monelle*, *Les Sœurs de Monelle* et *Monelle*. La première est essentiellement constituée d'aphorismes ; la deuxième de onze petits contes ; et la troisième se présente comme un court récit en six chapitres. Au cœur du livre, il y a la figure de Monelle, inspirée à Marcel Schwob par Louise, jeune prostituée qui était sa maîtresse et mourut de tuberculose, à la fois femme et enfant, ange et putain, figure mouvante, insaisissable qui oscille entre bien et mal, rêve et réalité, espoir et désespoir, vie et mort. *Le Livre de Monelle* est un livre d'une poésie éminemment fin-de-siècle, à la forme originale et novatrice, qui inspira sans doute André Gide pour ses *Nourritures terrestres* et André Breton pour *Nadja*. •

Le Vieux qui lisait des romans d'amour

Luis Sepúlveda

À lire si vous cherchez le dépaysement et l'aventure.

1988

Points, traduit de l'espagnol par François Maspero.

128 pages

Une trop bruyante solitude de Bohumil Hrabal, avec son héros solitaire et amoureux des livres, lui aussi (p. 98).

Traduit dans des dizaines de langues et vendu à des millions d'exemplaires dans le monde, *Le Vieux qui lisait des romans d'amour* a obtenu en France le Prix des Relais H et le Prix France Culture – le premier grand public et le second plus « intello ». De quoi susciter chez certains une réaction bien hexagonale : un tel succès, une telle unanimité... voilà qui est suspect. La marque d'un bon « faiseur », soit, mais pas d'un véritable écrivain.

Il suffit d'ouvrir ce livre pour se convaincre du contraire. En quelques pages d'une langue simple, mais imagée, pleine de chair, de poésie et de verve, l'auteur immerge son lecteur au cœur de l'Amazonie équatorienne. C'est là que vit Antonio José Bolivar, le « vieux qui lisait des romans d'amour », en marge d'un petit village peuplé de quelques

« Il possédait l'antidote contre le redoutable venin de la vieillesse. Il savait lire. »

habitants et traversé par les trafiquants, colons et autres touristes. Une humanité stupide, cruelle et inconséquente, sans respect pour la nature qui l'entoure. Quand survient un félin assoiffé de vengeance et de sang humain, c'est à Bolivar qu'on va demander d'aller traquer l'animal. Car lui seul possède une connaissance intime de la forêt.

La fable écologique se double alors d'un formidable roman d'aventures, haletant, qui trouve son aboutissement dans l'affrontement final entre l'homme et la bête, un combat épique qui n'aura que des vaincus. Heureusement, il restera les romans d'amour… •

Maigret en meublé

Georges Simenon

À lire dans un petit hôtel deux étoiles.

1951

Le Livre de Poche.

150 pages

Une étude en rouge d'Arthur Conan Doyle pour comparer les techniques de Maigret et Sherlock Holmes (p. 68).

Pas de fichiers, de fichés, d'empreintes et encore moins d'ADN… Maigret, c'est le contraire de la police scientifique, avec un taux de réussite que lui envient bien des experts. Son secret ? L'observation et la compagnie des hommes. Le mythique commissaire est un sage, il sait que le genre humain va mal, peut-être même de plus en plus mal et qu'il est prêt à tout pour bousculer sa condition, réparer les injustices, retrouver sa place dans un cœur un peu trop sec ou déjà pris.

Pour identifier celui qui a tiré sur l'inspecteur Janvier, Maigret s'installe, en meublé, dans l'immeuble où s'est déroulée l'agression. Il se fond dans le décor, apprend à connaître les habitants et les voisins. Simenon brosse chaque histoire individuelle avec un naturel désarmant, comme s'il faisait les présentations entre le lecteur et les personnages. Tant d'écrivains s'acharnent à montrer qu'ils savent écrire ; lui, il se fait oublier et touche ainsi à la perfection du roman : une clarté jamais fade, une apparente facilité qu'aucun autre ne pourrait pourtant atteindre. Mademoiselle Clément, la propriétaire, est une figure que l'on n'oublie pas. À partir de cette femme étonnante, le commissaire tire le fil qui le mènera à la vérité. Maigret triomphe parfois avec colère, parfois avec rage mais toujours sans joie et plus encore dans ce roman dont tous les personnages lui sont, au fond, sympathiques. Le coupable part derrière les barreaux et le commissaire rentre chez lui. On se demande lequel des deux est le plus désabusé. •

> « **Dans tout raisonnement sur le roman contemporain, il y a un os. Cet os s'appelle Simenon.** »
>
> — Félicien Marceau

L'Étrange Cas du Dr Jekyll et de Mr Hyde

Robert Louis Stevenson

- À lire plutôt que d'aller voir une des 125 adaptations cinématographiques...
- 1886 (5 janvier 1886, aux États-Unis, et directement en « poche »).
- Nombreuses éditions, dont Robert Laffont (Pavillons Poche), Le Livre de Poche, Librio, etc., traduit de l'anglais par Jean Muray.
- 80 pages
- Une étude en rouge d'Arthur Conan Doyle, à ranger comme le texte de Stevenson dans les ancêtres du roman policier (p. 68).

Que Vladimir Nabokov ait choisi de consacrer au livre de Stevenson un de ses fameux cours de littérature (il enseigna à la Cornell University entre 1948 et 1959) en étonnera certains. Quoi ? Un roman policier fantastique à côté d'*Ulysse*, *Mansfield Park* ou *Du côté de chez Swann* ? Le Dr Jekyll et son double malfaisant Mr Hyde traités sur un pied d'égalité avec Emma Bovary ? La lecture, lumineuse, que Nabokov propose du livre fait voler en éclats l'image, souvent trompeuse et réductrice, qu'on peut en avoir. Non, *L'Étrange Cas du Dr Jekyll et de Mr Hyde* n'est pas qu'un thriller avant l'heure...

Alors, oubliez ses innombrables adaptations – au cinéma, à la télévision, au théâtre, en bande dessinée ou en jeu vidéo... – et lisez ou relisez le texte, mécanique narrative aussi complexe que virtuose, servie par une écriture précise et imagée. Réflexion morale passionnante, plus que jamais d'actualité, sur le bien et le mal, le roman de Stevenson est aussi une œuvre prophétique : elle annonçait

> « **Ce n'était plus un homme que j'avais devant moi, c'était je ne sais quel monstre satanique et impitoyable.** »

l'irruption imminente de la psychanalyse (1893), ainsi qu'une affaire criminelle qui passionna et traumatisa durablement les Anglais, celle de Jack l'Éventreur (1888). Et ce ne sont que quelques-unes des facettes de ce livre inépuisable, dont Vladimir Nabokov disait : « Une œuvre d'art du même ordre que, par exemple, *Madame Bovary* ou *Les Âmes mortes*. » Rien que ça. •

L'Homme sans postérité

Adalbert Stifter

À lire en faisant une randonnée en Bavière.

1845

Phébus, collection « Libretto », traduit de l'allemand par Georges-Arthur Goldschmidt.

128 pages

Mademoiselle Else d'Arthur Schnitzler, compatriote autrichien d'Adalbert Stifter (p. 152).

Adalbert qui ? On ne peut pas dire que l'Autrichien Adalbert Stifter (1805-1868) jouisse en France d'une grande renommée, même si la traduction française de *L'Homme sans postérité* en 1978 (pas moins de cent trente-trois ans après sa publication !) l'a tiré de l'ombre et a entraîné de nombreuses autres publications. Difficile de comprendre comment et pourquoi on a ignoré si longtemps l'œuvre de ce post-romantique qui connut en son temps une immense popularité et fut célébré par des auteurs aussi prestigieux que Friedrich Nietzsche, Hugo von Hofmannsthal, Hermann Hesse, Thomas Mann, ou encore, plus près de nous, Peter Handke et W.G. Sebald…

La meilleure introduction à Stifter est sans doute cet *Homme sans postérité*, histoire d'un jeune homme qui, avant de se lancer dans la vie, doit rendre visite à un oncle,

« La vie est incommensurablement longue, aussi longtemps qu'on est jeune encore. On pense toujours en avoir beaucoup devant soi, et derrière n'avoir accompli qu'un petit bout de chemin. Pour cette raison, on diffère, on remet ceci ou cela à plus tard. Mais quand on veut le reprendre, il est trop tard, et l'on s'aperçoit qu'on est devenu vieux. »

personnage secret et acariâtre vivant reclus sur une île, au milieu d'un lac environné de montagnes. Histoire simple, à l'image du style très sobre, presque banal qui est la marque de fabrique de l'auteur et qui, à force de simplicité, justement, suscite le mystère. Pas de digressions philosophiques ni de lourds symboles, chez Stifter. Il effleure, suggère – à petits coups de pinceaux, a-t-on envie de dire, puisque ce fils de tisserand fut peintre avant de se consacrer entièrement à la littérature. Ses somptueuses descriptions de paysages en témoignent.

La cinquième partie du livre, intitulée *Séjour*, et qui relate précisément le séjour du jeune homme, Victor, chez son oncle, est un miracle de littérature. Difficile de ne pas être ému et captivé par le face-à-face entre cet adolescent pur et candide, ouvert au monde, et cet homme vieillissant, fermé à tous et à tout. •

Le Chemin des morts

François Sureau

- À lire quand on se sent un peu trop sûr de soi ; de ses convictions, de ses certitudes…
- 2013
- Gallimard, collection « Folio ».
- 60 pages
- La Panne de Friedrich Dürrenmatt, pour une vision judiciaire plus rocambolesque (p. 74).

Pour démonter une vie pièce par pièce, comme un moteur (ce qui est plus ou moins le but de tout roman), il est important de prévoir une boîte spécialement réservée aux moments douloureux, aux dilemmes irrésolus, aux épreuves que l'on n'a pas su affronter, précieux boulons qui soudent mieux que tout autre une personnalité. Avant d'écrire *Le Chemin des morts*, François Sureau a dû ouvrir l'une de ces boîtes. Il y a trouvé le dossier Ibarrategui, traité dans les années 1980. Jeune juriste, l'auteur travaillait alors à la Commission des recours des réfugiés. Le cas du militant basque ressemblait à beaucoup d'autres mais son dénouement tragique marqua Sureau à jamais : « Je me suis demandé, presque chaque jour, si j'aurais pu rédiger autre chose que ce que j'avais écrit. » Toute responsabilité est à la fois une chance et un poison.

« Trente ans ont passé. J'ai mené ma vie d'homme. Le cas d'Ibarrategui ne m'a jamais laissé en repos. »

Le Chemin des morts est construit sur le terrain meuble de la mémoire, empilant différentes couches : le cas judiciaire, le respect des anciens et l'ambiance d'un Paris englouti, celui des années 1980 : « Un grand vent venait de l'Atlantique apportant les sacs de papier brun pour les provisions, la cocaïne, l'indifférence à la misère, le goût d'aller vite et de gagner beaucoup d'argent. » Qui dit mieux ? Pas grand monde. Rien d'étonnant à cela : dans ces 60 pages se loge un des meilleurs textes français de ces dix dernières années. •

Le Pigeon

Patrick Süskind

À lire un week-end où on n'a pas trop le moral.

1987

Le Livre de Poche, traduit de l'allemand par Bernard Lortholary.

90 pages

Un homme qui dort de Georges Perec, dont le héros habite comme Jonathan Noël une petite chambre de bonne parisienne (p. 142).

Paris, 1984. Jonathan Noël, la cinquantaine, vit seul dans une minuscule chambre de bonne du XVIIe arrondissement parisien. Il travaille comme vigile dans une agence bancaire de son quartier et mène une existence paisible, monotone, parfaitement réglée, dont la mécanique s'enraye un beau matin quand, en ouvrant la porte de son petit appartement, il se trouve nez à nez avec un… pigeon. La journée qui va suivre ressemblera à un interminable cauchemar…

Tout le monde connaît *Le Parfum*, succès mondial publié au milieu des années 1980, traduit en une cinquantaine de langues et vendu à plus de vingt millions d'exemplaires. Le livre, qui reste un des préférés des Français, a éclipsé le court roman de Patrick Süskind paru trois ans plus tard. C'est dommage, car *Le Pigeon* est une petite merveille.

On dévore avec gloutonnerie et fascination le récit du dérèglement psychologique dont est victime Jonathan Noël. Une longue crise d'angoisse, violente, irraisonnée, que rien ne semble devoir apaiser ni arrêter, et qui le fait songer à déménager, abandonner son travail et même se

« **Voilà où en étaient les choses lorsqu'en août 1984, un vendredi matin, se produisit l'histoire du pigeon.** »

suicider. Toute cette histoire est absurde, névrotique, et pourtant le lecteur se laisse complètement embarquer par le style fluide de l'auteur, sa langue précise, gourmande dans son soin du détail, et toujours colorée d'une ironie légère. La fin du *Pigeon* en laissera sans doute plus d'un désemparé. •

Nocturne indien

Antonio Tabucchi

À lire dans un restaurant indien.

1984

Gallimard, collection « Folio », traduit de l'italien par Bernard Comment.

144 pages

Le Banquier anarchiste de Fernando Pessoa, dont Antonio Tabucchi fut l'un des traducteurs italiens (p. 144).

Sur le papier, l'histoire est simple : un homme, le narrateur, part en Inde à la recherche d'un autre homme, un ami dont il n'a plus de nouvelles. L'auteur a pris soin de donner au début du texte un index des lieux visités par le héros durant

« **Ce nocturne où l'on cherche une ombre.** »

son périple entre Bombay et Goa – un lieu pour chacun des douze chapitres. Un parcours très balisé, en somme… où tout le monde, pourtant, le lecteur comme le narrateur, finit par se perdre. « En Inde, il y a beaucoup de gens qui se perdent », dit d'ailleurs un personnage. Ajoutant : « C'est un pays qui est fait exprès pour ça. »

Quelle drôle d'expérience que la lecture de ce livre où on avance presque à tâtons, entre rêve et réalité, dans une pénombre quasi permanente, sans vrais repères, si ce n'est, parfois, de drôles de hasards, des coïncidences, des mirages, des miroirs, et des rencontres surprenantes, des personnages étranges, mystérieux, parfois inquiétants. On ne s'étonne pas qu'Antonio Tabucchi (mort en 2012) ait été le traducteur de Fernando Pessoa et qu'il ait écrit quelques romans policiers… *Nocturne indien* est une espèce de polar métaphysique, psychologique et exotique sur l'identité, porté par une écriture simple, ou plutôt faussement simple, qui tisse à son rythme un subtil réseau de signes qu'on s'efforce de décrypter et de relier entre eux. La fin du livre, ouverte à tous les possibles, a déconcerté plus d'un lecteur. Mais elle participe aussi de cet envoûtement que continue d'exercer *Nocturne indien*… •

Inconnu à cette adresse

Kressmann Taylor

À lire un soir, d'une traite.
1938
J'ai lu, traduit de l'anglais par Michèle Lévy-Bram.
90 pages
La Bellarosa Connection de Saul Bellow, l'histoire d'un rescapé (p. 22).

Cher ami,

Je t'écris pour te remercier de m'avoir poussé à lire *Inconnu à cette adresse* de l'Américaine Kressmann Taylor. Tu me connais, rien ne m'effraie plus que l'unanimité et tout le monde m'avait recommandé ce livre. Je l'ai donc longtemps évité, fidèle à mes principes. Et puis le texte a été joué au théâtre par Michel Boujenah, Francis Lalanne ou Stéphane Guillon... Tu avoueras qu'il y a de quoi prendre peur !

Mais je m'étais trompé. Tout d'abord parce que, contrairement à ce que je répétais bêtement, un roman épistolaire peut être court et ne rien perdre de son intérêt, ni de sa profondeur. Ensuite, parce qu'il est possible de rendre la terreur de la Seconde Guerre mondiale en quelques pages, pour

« **Une attention exceptionnelle, un style impressionnant.** »

— Nancy Huston

peu que l'on maîtrise l'art du détail juste et du silence. Et puis, tu m'avais prévenu, parce que ce livre contient l'un des plus impressionnants coups de théâtre qu'il m'ait été donné de lire. Je ne suis pas près d'oublier la page 65. Désormais, je me retrouve à conseiller le roman à mon tour. Ce n'est finalement pas si désagréable de changer d'avis. Cela devrait même être obligatoire. Amicalement. •

La Steppe

Anton Tchekhov

À lire dans un métro bondé ou un centre-ville saturé... pour retrouver instantanément le goût des grands espaces.

1888

Le Livre de Poche, traduit du russe par Vladimir Volkoff.

124 pages

Un été indien de Truman Capote, sur un jeune garçon en route vers l'âge adulte (p. 44).

Tout le monde connaît cette loi étrange et pourtant incontestable : on se sent plus sage quand on regarde défiler le paysage par la fenêtre d'un train. Même le plus creux des hommes (glissez derrière ces mots le visage de votre choix) s'emplit alors d'une débordante vie intérieure. Est-ce dû au mélange d'immobilité (celle du voyageur) et de mouvement (celui des plaines ou des montagnes) ? Au dosage entre le silence et le monologue intérieur ? De Jack Kerouac à Nicolas Bouvier, la littérature dite « de voyage » ne manque pas de classiques pour tirer au clair ce sentiment confus mais c'est incontestablement *La Steppe* qui le traduit au plus juste.

Dans cette œuvre de jeunesse, Tchekhov décrit le périple de Iegorouchka. Le garçon quitte son village natal pour aller étudier dans un chef-lieu. Accompagné par son oncle et un prêtre, il traverse la steppe en calèche, s'arrête dans une auberge puis poursuit sa route avec une caravane de marchands… La steppe, vertige horizontal, écrasée de soleil. Le gamin dort sous les chariots à la belle étoile et observe les adultes. « Iegorouchka déduisit que ses nouveaux amis avaient quelque chose en commun qui les faisait se ressembler entre eux : c'étaient tous des gens avec un passé admirable et un présent déplorable. » Le voyage est initiatique. Le jeune Iegor trouvera la vie adulte au bout de la steppe… Mais le tour de force de Tchekhov dans ce texte fantastique consiste à toujours semer la psychologie en route, à faire triompher avant tout l'observation et la sensibilité. Bref, la littérature. •

« **C'est mon chef-d'œuvre.** »

— Anton Tchekhov

La Mort d'Ivan Ilitch

Léon Tolstoï

À lire à condition de ne pas être trop déprimé.

1886

J'ai lu, collection « Librio », traduit du russe par Jacques Imbert.

108 pages

Le Rêve d'un homme ridicule de Féodor Dostoïevski – pour essayer de répondre à la question classique : plutôt Tolstoï ou plutôt Dostoïevski ? (p. 66)

Un jour qu'il est occupé à décorer son nouvel appartement, Ivan Ilitch bascule d'un escabeau et heurte l'espagnolette d'une fenêtre. La douleur qu'il éprouve sur le coup, au flanc gauche, a vite fait de disparaître, et lui-même oublie rapidement cet incident insignifiant. Il ne sait pas qu'un mal mystérieux s'est glissé en lui, qui va bientôt bouleverser le déroulement sans heurt d'une existence placée sous le signe de la médiocrité. Car Ivan Ilitch est un médiocre, un petit bourgeois sans relief et sans autre idéal que son confort matériel. La maladie va tout changer. Le spectre d'une mort inéluctable, en plus d'horribles souffrances, lui ouvre peu à peu les yeux sur sa vie et ceux qui l'entourent. Il n'y voit que mensonge, mensonge et encore mensonge. Il découvre aussi l'absolue solitude qui est la sienne.

Léon Tolstoï a 58 ans quand il écrit *La Mort d'Ivan Ilitch*. Si le thème de la mort est omniprésent dans son œuvre, c'est sans doute dans ce court roman, oppressant, presque étouffant à mesure qu'approche la fin, qu'il est allé le plus

« **(…) tout cela n'était qu'une énorme et affreuse imposture qui dissimulait et la vie et la mort.** »

loin dans sa réflexion. Et le coup de génie, si l'on peut dire, est d'avoir choisi pour l'illustrer un personnage insignifiant. Pas de grand héros, ici, pas de faits d'armes glorieux, juste la nudité d'un homme face à sa propre fin. Le livre y gagne toute l'intensité, la vérité et l'universalité qui font sa force. •

Premier Amour

Ivan Tourgueniev

- À lire le plus tôt possible, avant de tomber amoureux (pour s'éviter quelques désillusions).
- 1860
- J'ai lu, collection « Librio », traduit du russe par Michel Rostislav Hofmann.
- 96 pages
- Un cœur simple de Gustave Flaubert, ami et admirateur de Tourgueniev (p. 82).

Vladimir Petrovitch est âgé de 16 ans quand il tombe amoureux de sa voisine Zénaïde Alexandrovna, de cinq ans son aînée. Elle le subjugue, l'irrite, le déçoit, le fascine… Bref, Vladimir est prêt à se faire dévorer tout cru par une de ces femmes qui séduisent de façon innée, depuis le berceau. Elle règne sur une cour de prétendants mais l'adolescent comprend qu'elle est éprise d'un autre homme, un inconnu, étranger au cercle d'admirateurs. Quand Vladimir découvre son identité… le monde s'effondre sur son jeune crâne, tout simplement. Le désespoir amoureux se double d'une humiliation.

Tourgueniev est l'oublié des romanciers russes. Il se trouve toujours des vieux sages pour louer Tolstoï, des jeunes enragés pour s'enflammer à propos de Dostoïevski

« **Tout en étant particulier, vous êtes général.** »

— Gustave Flaubert, dans une lettre adressée à Ivan Tourgueniev.

(qui d'ailleurs détestait cordialement le grand Ivan), mais qui vante aujourd'hui le talent hors du commun de l'auteur de *Premier Amour* ou de l'exceptionnel *Pères et fils* (pas très long non plus, un chef-d'œuvre) ? Et pourtant, son style et son acuité psychologique laissent pantois.

Derrière l'analyse du sentiment amoureux, Tourgueniev charge la société russe de son époque, les hommes oisifs et les petites pestes, tous occupés à plaire et parader, englués dans le ridicule. Un monde satisfait qui, inconsciemment, souhaite l'arrivée du châtiment. Il viendra avec les nihilistes et les révolutionnaires, eux-mêmes prêts à tout pour se faire valoir. Ivan Tourgueniev ne se fait aucune illusion sur le genre humain. Mais cette distance n'ouvre vers aucun sentiment de supériorité. Au contraire, l'auteur traite chaque personnage avec la même considération. C'est pour cette raison que les romans de Tourgueniev ne vieillissent pas. Leur alliage, fait de colère et de justesse, est indestructible. •

L'Ami retrouvé

Fred Uhlman

À lire si on a perdu un(e) ami(e).

1971

Gallimard, collection « Folio », traduit de l'anglais par Léo Lack.

124 pages

Inconnu à cette adresse de Kressmann Taylor, difficile de faire autrement (p. 170).

C'est le coup de la dernière phrase : comme dans l'épistolaire *Inconnu à cette adresse* de Kressmann Taylor, il faut attendre les ultimes mots de *L'Ami retrouvé* pour avoir la clé de son titre – et recevoir en même temps un vrai choc, qui imprime durablement en nous l'empreinte du livre…

L'Ami retrouvé est un long flash-back durant lequel Hans Schwarz, le héros, remonte jusqu'à l'année 1932. Il est alors au Karl Alexander Gymnasium, le lycée le plus prestigieux de Stuttgart, où ce jeune étudiant issu d'une famille juive fait la connaissance de Conrad von Hohenfels, héritier d'une très grande lignée aristocratique. Alors que tout les sépare, naît entre eux une amitié exceptionnelle. Jusqu'à ce que l'arrivée d'Hitler au pouvoir, dès 1933, change la donne.

Dans la préface de l'édition de poche française, le romancier Arthur Koestler parle de « chef-d'œuvre mineur ». L'expression met l'accent sur « la petite dimension du livre », mais aussi le « ton mineur plein de nostalgie » sur lequel il est écrit. Nostalgie ? C'est que Fred Uhlman, comme le héros de son roman, est né à Stuttgart au sein d'une famille bourgeoise juive. Et comme lui, il a dû fuir son pays dans les années 1930 et s'exiler… Il attendra

« Il entra dans ma vie en 1932 pour n'en jamais sortir. »

d'avoir 70 ans pour publier cet *Ami retrouvé*, son premier texte de fiction. Un court roman tout en nuance et en retenue, refusant l'effet inutile, où la belle amitié de deux garçons est peu à peu contaminée par l'aveuglement d'une Allemagne qui s'offre à Hitler. On ne sait pas toujours que Fred Uhlman lui a donné une suite, *La Lettre de Conrad*, qui, conformément à sa volonté, ne fut publiée qu'après sa mort, en 1985. •

La Soirée avec monsieur Teste

Paul Valéry

À lire le temps d'une soirée, bien sûr.

1896. Édition définitive : 1946

Gallimard, collection « L'Imaginaire ».

144 pages

Bartleby le scribe d'Herman Melville, lointain cousin américain de monsieur Teste (p. 126).

L'aurions-nous remarqué, ce monsieur Teste, si nous l'avions croisé dans un café ou au théâtre ? Probablement pas. Car à première vue, il n'a rien de bien captivant, cet individu assez banal, presque transparent tant son allure, son comportement et ses habitudes sont insignifiants. Mais le narrateur de *La Soirée avec monsieur Teste* a vécu, il est revenu de beaucoup de choses, et il voit tout de suite en Teste un de ces hommes de l'ombre, invisibles, qui selon lui sont « les têtes les plus fortes », « les inventeurs les plus sagaces », des « chefs-d'œuvre inconnus ». Il va donc tout faire pour entrer dans les bonnes grâces de cet être d'exception et tenter d'en percer le secret.

Paul Valéry n'a que 25 ans quand il écrit *La Soirée avec monsieur Teste* et invente ce personnage unique. Teste est

« Il y a vingt ans que je n'ai plus de livres. J'ai brûlé mes papiers aussi. Je rature le vif... Je retiens ce que je veux. Mais le difficile n'est pas là. Il est de retenir ce dont je voudrai demain !... »

l'incarnation d'un pur esprit, d'une intelligence absolue, quasiment mathématique, qui se serait débarrassée des émotions, de l'imagination. C'est une mécanique abstraite, virtuelle. Les quelques paroles qu'il prononce sont souvent impénétrables, malgré les efforts du narrateur pour les éclairer. On lit et relit *La Soirée* (une vingtaine de pages publiées en 1896, auxquelles Paul Valéry ajoutera par la suite d'autres courts textes) en espérant à chaque fois élucider un peu de l'énigme Teste, figure fascinante d'un génie suprême qui n'accouchera pourtant jamais d'aucune création. Ce n'est sans doute pas un hasard si, après avoir publié *La Soirée*, Paul Valéry resta près de vingt ans sans publier le moindre livre. •

Les Dimanches de Jean Dézert

Jean de La Ville de Mirmont

À ne pas lire un dimanche... on s'en remet difficilement.

1914

La Table Ronde, collection « La Petite Vermillon », un volume réunissant également L'Horizon chimérique, un recueil de poèmes, et Contes.

94 pages

Bartleby le scribe d'Herman Melville, le grand frère de Jean Dézert (p. 126).

Les erreurs pullulent autour de Jean Dézert. Un dépressif ? Pas vraiment. Il a plutôt opéré une sorte de repli stratégique hors de l'existence. Un sage, alors ? Non plus. Dézert ne tire aucune morale particulière de sa manœuvre. Il constate que la vie continue, que rien ne saurait l'arrêter. « On vit, on circule, on se croise sans se connaître dans la lumière des devantures. » Un artiste ? Sûrement pas. Mais il ne désapprouverait pas le recueil que vous êtes en train de lire : « Si j'écrivais, je ne composerais que des nouvelles très courtes. » Un anti-héros ? Trop flatteur. Un romantique qui attend l'amour pour se révéler ? Il va se lancer sur ce terrain mais ce ne sera pas brillant. Pour conclure, on pourrait s'en tirer en disant que Dézert est à part, unique. Et ce serait une nouvelle erreur.

Car Jean Dézert, c'est nous. Son travail consiste à « communiquer, transmettre des pièces à d'autres services ». Cela ne résume-t-il pas 97 % des emplois actuels ? « Je t'ai *forwardé* le mail » est aujourd'hui la phrase la plus prononcée au monde après « on a passé un week-end génial dans un hôtel ca-no-nis-sime ! ». Que faut-il dire après ? Répondre ? Approuver ? Se taire ? Demander des détails ? Voilà, vous en êtes au même stade que Jean Dézert. L'air du temps est lourd. L'orage tarde à éclater. Pour Jean de La Ville de Mirmont, ce sera la Première Guerre mondiale dont il ne reviendra pas. *Les Dimanches de Jean Dézert* est son unique roman. François Mauriac, son ami, le résume d'une formule parfaite dans sa préface : « un coquillage où gronde un océan : l'œuvre de Jean de La Ville qui ne naîtra jamais. » •

Le Brigand bien-aimé

Eudora Welty

À lire si vous avez gardé un peu de votre âme d'enfant.

1942

Points, collection « Signatures », traduit de l'anglais par Sophie Mayoux.

144 pages

Une autre histoire d'amour aux allures de conte de fées : La Femme changée en renard de David Garnett (p. 188).

Il était une fois…

Ainsi pourrait commencer le résumé de ce livre étrange, télescopage inédit et improbable entre le western et le conte de fées traditionnel. Tout y est ou presque : une jeune héroïne blonde, innocente (enfin, presque) et « belle comme le jour » ; sa marâtre, méchante et « laide comme la nuit » ; un prince charmant dissimulé sous les oripeaux d'un bandit de grand chemin à la détente facile ; sans oublier la petite maison en bois cachée dans la forêt et cent autres détails empruntés notamment aux frères Grimm. Tout cela transposé au XIXe siècle, en bordure du Mississippi, avec ses immenses forêts, dans un décor sauvage magnifiquement décrit où se croisent trappeurs, planteurs, Indiens et mauvais garçons.

Étonnant, non ?

« Rosamonde en vérité était une belle fille, une fille aux cheveux d'or que sa marâtre enfermait dans sa chambre pour la punir de chanter, et qui chantait pourtant, parce qu'il n'était meilleure façon de passer le temps. »

Le Brigand bien-aimé pourrait n'être qu'un exercice de style, le genre de curiosité littéraire qu'on ne sait pas trop où ranger dans sa bibliothèque. C'est bien plus que cela. On rit beaucoup, même des pires horreurs, on s'émerveille, on se laisse transporter avec bonheur par la poésie et le rythme trépidant du récit. Publié en 1942, ce premier roman d'Eudora Welty lui valut aussitôt l'intérêt d'un autre auteur du Sud, fameux, un certain William Faulkner. Il y a pire façon de commencer. •

Ordo

Donald Westlake

À lire à Los Angeles, si parfaitement évoquée dans le livre.

1986

Rivages Noir, traduit de l'anglais par Jean-Patrick Manchette.

152 pages

Memory Lane de Patrick Modiano pour rejoindre une autre bande étonnante avec laquelle on aimerait partager quelques verres (p. 128).

Les romans qui ont pour titre le nom de leur héros sont à part. *Adolphe*, *Lucien Leuwen*, *Madame Bovary* ou encore *Gilles* de Drieu, *Aurélien* d'Aragon… Les bons écrivains savent quand ils tiennent un grand personnage et ils lui abandonnent la couverture, la réputation, la postérité du livre. *Ordo*, c'est Ordo Tupikos. Ce militaire découvre que sa première épouse est devenue une star de cinéma après leur divorce. Seize ans plus tard, il reprend contact et passe quelques jours dans la maison de l'actrice, à Los Angeles. Chez Westlake, le récit progresse avec un naturel déconcertant, comme si cette histoire nous était racontée par un ami, un soir, au moment du dernier verre avant de rentrer chez soi : « Tu connais Ordo ? Tu sais ce qui lui est arrivé ? »

Cette simplicité n'empêche pas la profondeur. Au contraire, on pourrait même dire qu'il s'agit du plus court chemin vers la vérité, celle que dissimule chaque personnage derrière son rôle social. Le roman est d'abord touchant puis émouvant, telle une couleur qui vire lentement au sombre sans raison particulière. Avec *Ordo*, la palette de Westlake se fait aussi subtile que celle d'un Modiano américain ou d'un

> « **On dirait un endroit qui a presque eu un âge d'or, il y a longtemps, mais il n'est rien arrivé et maintenant c'est trop tard.** »

Alfred Hayes. Plus connu pour ses polars noirs et ironiques (dont on ressent la patte dans certains dialogues), il signe ici un « petit » classique, hanté par la question des origines et celle de l'identité : « Comment peut-on changer et devenir une autre personne, totalement différente ? » ne cesse de se demander Ordo Tupikos. À Beverly Hills, il trouvera la réponse. •

Le Coup de grâce

Marguerite Yourcenar

À lire avant de déclarer sa flamme.
1939
Gallimard, collection « Folio ».

128 pages
Sur le fleuve Amour de Joseph Delteil, le roman des élans exprimés et assouvis. Pour comparer... (p. 62)

C'est le récit de deux guerres. Celle qui fait rage entre Russes blancs et bolcheviques en 1919 d'abord, puis celle déclarée entre deux jeunes gens, Erich et Sophie. Cette dernière s'éprend du jeune militaire, le meilleur ami de son

« **Nous étions tous les deux trop jeunes pour être tout à fait simples...** »

frère Conrad. Elle le lui dit, avec « sa droiture déconcertante ». « La découverte de ce simple amour provoqua en moi une stupeur qui allait jusqu'au scandale », confie Erich von Lhomond dans ce livre écrit sous forme de confession.

Impossible, selon lui, de vivre une telle histoire sans trahir ses principes, plus précisément l'amitié indéfectible qui le lie à Conrad. Il repousse donc Sophie.

En 1939, Marguerite Yourcenar n'a pas encore livré ses chefs-d'œuvre *Mémoires d'Hadrien* ou *L'Œuvre au noir*. Elle n'est pas encore la première femme élue à l'Académie française. Mais il faudrait être particulièrement myope pour ne pas voir en elle un écrivain d'exception. Avec *Le Coup de grâce*, inspiré par une histoire vraie racontée à l'auteur par un de ses amis, elle décortique comme personne le combat que se livrent les sentiments et la raison, la morale et la vie. Chaque phrase pourrait être isolée et devenir une maxime sur le sentiment amoureux. Erich von Lhomond frappe d'abord par sa froideur poussée jusqu'au sadisme. On aimerait le juger et le condamner mais, guidé par Yourcenar, on finit par comprendre : cet homme ne pourrait se montrer plus sincère sans s'effondrer. Et, même si l'histoire se fait de plus en plus poignante (elle sera adaptée au cinéma par Volker Schlöndroff en 1979), c'est finalement la retenue du narrateur qui bouleverse. Une façon de faire surgir le feu sous la glace. Du grand art. •

Le Joueur d'échecs

Stefan Zweig

À lire même si on ne sait pas jouer aux échecs (ou lors d'une croisière, à bord d'un paquebot).

1943

Le Livre de Poche, traduit de l'allemand par Brigitte Vergne-Cain et Gérard Rudent.

128 pages

L'Amiral de Blaise Cendrars, histoire de poursuivre la croisière (p.46).

Le 22 février 1942, l'écrivain viennois Stefan Zweig, qui s'est réfugié au Brésil pour fuir le nazisme, met fin à ses jours en se suicidant au Véronal en compagnie de sa femme. Ce *Joueur d'échecs*, écrit entre novembre 1941 et fin janvier 1942, est son dernier texte de fiction ; c'est aussi le seul qui évoque de façon directe l'annexion de l'Autriche par l'Allemagne nazie et ses conséquences sur la population.

Un paquebot tient lieu de décor à cette nouvelle dont le narrateur, double de l'auteur, se trouve en présence de deux hommes que tout oppose, mais pour qui les échecs ont joué, de manières très différentes, un rôle majeur. À ma droite, Mirko Czentovic, modeste fils de paysans, être inculte et imbu de sa personne depuis qu'il est devenu champion du monde d'échecs. À ma gauche, M. B., grand avocat issu

« On ne nous faisait rien – on nous laissait seulement en face du néant, car il est notoire qu'aucune chose au monde n'oppresse davantage l'âme humaine. »

d'une vieille famille autrichienne, qui a appris à jouer dans une prison du régime national-socialiste. Deux récits enchâssés dans le texte nous font découvrir leurs personnalités et parcours respectifs, construction narrative redoutablement efficace, haletante, qui nous entraîne droit vers ce moment tant attendu où les protagonistes vont se retrouver devant un échiquier. Ce sont alors bel et bien deux mondes qui s'affrontent.

Magistralement écrit, riche de mille nuances, d'une acuité psychologique incomparable, *Le Joueur d'échecs* est une merveille, un vrai bonheur de lecture qui réussit le prodige de mettre d'accord les lecteurs de tous les âges et de tous les niveaux. C'est aussi, en filigrane, un testament littéraire désespéré. •

Le concours

(Un café lors d'une après-midi écrasée de soleil. Pour la vingt-septième fois en deux jours, Montal et Napias passent en revue la liste des livres retenus.)

— Comment tu t'y es pris pour dresser ta sélection de bouquins ?

— D'abord mes meilleurs souvenirs de lecteur, puis des recherches pour trouver d'autres livres…

— Tu n'as pas demandé à ta femme, à tes amis ?

— Si, bien sûr.

— Moi aussi. On devrait continuer comme ça, je trouve.

— C'est-à-dire ?

— Lancer un concours et demander aux participants de choisir eux-mêmes les dix derniers livres. Je suis certain que nous aurons des surprises.

— Un autre roman de Michel Mohrt, peut-être ?

— Possible…

— Et qu'est-ce qu'on fera des réponses retenues ?

— On les publiera dans les dix dernières pages du livre, avec le nom des participants.

— Excellent ! Bon, ça n'est pas tout ça, mais qu'est-ce qu'on boit ?

Sauvagerie

J.G. Ballard

À lire dans un joli intérieur, bien rangé, impeccable.

1988

Tristram, collection « Souple », traduit de l'anglais par Robert Louit.

96 pages

La Métamorphose de Franz Kafka, qui évoque J.G. Ballard par sa façon de décrire l'impensable (p. 104).

Rien de plus effrayant qu'une allée fleurie dans un lotissement calme. Rien de plus suspect qu'une maison entourée d'un gazon fraîchement tondu. Rien de plus dangereux que le bonheur parfait. Le drame du village de Pangbourne en est la parfaite illustration. Dans cet enclos luxueux et ultra-sécurisé, tous les parents ont été massacrés et les enfants ont disparu, sans doute kidnappés même si aucune demande de rançon n'a été faite. Malgré les caméras de surveillance, la police n'avance pas et doit faire appel au psychiatre Richard Greville.

À travers les notes de ce dernier, Ballard décrit le cauchemar climatisé et coquet de Pangbourne. Dans cette enclave de perfection et de prévention, la violence ne pouvait que resurgir. Elle s'est naturellement imposée comme l'unique solution envisageable «car dans une société totalement saine, la folie est la seule liberté». Les hommes voient le confort comme un remède à leurs pulsions alors qu'il ne s'agit que d'un léger sédatif, nous prévient J.G. Ballard. Son livre tient autant de l'enquête policière, du roman d'anticipation que de l'essai sur la place des écrans et du virtuel dans notre quotidien. En 2018, alors que les campagnes de prévention et la chasse aux mauvais sentiments font rage, on croit déceler un étrange écho derrière ces lignes, comme si l'auteur nous chuchotait à l'oreille: «Oui, je parle bien de toi, imbécile.» •

« **Un petit chef-d'œuvre glaçant qui se lit d'une traite.** »

— Livre proposé par Séverine Martin

Nouvelle Histoire de Mouchette

Georges Bernanos

À lire près d'une église.

1937

Le Livre de Poche.

128 pages

Histoire de l'œil de Georges Bataille, un écrivain chrétien, radicalement… différent (p. 20).

Le mal est à l'œuvre en permanence, sans jours fériés (Satan prenant rarement le soleil), et Bernanos a constaté, livre après livre, son avancée, tel un général vaincu qui ne peut que reconnaître la progression de l'ennemi. Ce combat inégal n'aura pourtant jamais de fin car il se trouvera toujours une âme plus pure pour tenter de porter l'estocade. Mouchette par exemple, cette fille de paysans démolis par l'alcool et la maladie. Négligée par sa famille, exclue par les autres enfants, Mouchette se tient généralement en lisière de l'humanité, en observatrice apeurée, comme le montre la superbe scène d'ouverture du livre. Quand les événements l'obligent à nouer le dialogue avec les autres, elle se heurte aux différentes nuances de la bassesse et du mensonge.

Nouvelle Histoire de Mouchette est le livre que l'on pourrait conseiller aux lecteurs échaudés par les autres romans de Georges Bernanos. Le style y atteint une fluidité sidérante, parfois absente de *Sous le soleil de Satan* ou *Monsieur Ouine*. L'écriture se fait précise sans se cantonner au descriptif, elle sonde les reins et les cœurs sans verser dans la psychologie. Pour un écrivain, c'est sans doute ce que l'on appelle la grâce. •

« **Une figure de sainte dans un monde dominé par le Mal.** »

— Livre proposé par Bruno Lafourcade

Le facteur sonne toujours deux fois

James M. Cain

- À lire le matin, au lit, avant le passage du facteur.
- 1934
- Gallimard, collection « Folio », traduit de l'anglais par Sabine Berritz.
- 160 pages
- Maigret en meublé de Georges Simenon, roman noir à la française (p. 158).

Les lecteurs français auraient pu découvrir ce classique du roman noir américain dans la Série Noire. Mais c'est au sein de la très digne collection Blanche des éditions Gallimard qu'il fut publié dès 1936, précédé d'une préface signée Irène Némirovsky. Présentation brillante, du reste, où l'auteure vante les mérites de cette « littérature brutale, ardente, fiévreuse et frénétique, sans une once de raffinement, littérature en coup de poing ».

On est dans l'Amérique de la Grande Dépression. Frank Chambers, 24 ans, fait partie de ces milliers de vagabonds qui, jetés sur les routes, vont de ville en ville à la recherche d'un peu de travail. Le hasard – ou plutôt le destin – l'arrête un jour dans le relais routier californien de Nick Papadakis, le « Grec », avec son restaurant et sa station-service. Nick est marié à Cora. Et Frank Chambers tombe aussitôt sous le charme mais aussi l'emprise de cette créature sensuelle et manipulatrice, prototype parfait de la « femme fatale ». L'histoire, aux allures de tragédie, se terminera forcément mal.

Irène Némirovsky, encore elle, met en avant la concordance parfaite entre l'écriture et le sujet, ainsi que les personnages du *Facteur sonne toujours deux fois*. Pas de fioritures, ici, ni d'états d'âme. On va droit au but. Et « de cette mystérieuse harmonie naît une sorte de poésie : la poésie des meilleurs films américains ». Ce n'est pas pour rien, d'ailleurs, si le cinéma s'est emparé plusieurs fois du roman, éclipsant un peu trop ce livre âpre et violent qui reste un modèle du genre. •

« **Radicalisme, minimalisme, un roman (noir) parfait.** »

— Livre proposé par Clovis Goux

Point Omega

Don DeLillo

À lire dans un endroit perdu situé en bordure du désert californien.

2010

Actes Sud, collection « Babel », traduit de l'anglais par Marianne Véron.

144 pages

L'Arrêt de mort de Maurice Blanchot, lecture exigeante, encore, mais d'un tout autre genre (p. 30).

La longue scène d'ouverture met tout de suite le lecteur dans le bain : une salle du MoMA, à New York, où un homme revient depuis plusieurs jours, regardant et interrogeant avec fascination le *24 Hour Psycho* de l'artiste Douglas Gordon. L'œuvre est une version ralentie du *Psychose* d'Alfred Hitchcock, le film se voyant étiré sur 24 heures au lieu des 109 minutes qu'il fait à l'origine… Dans la vingtaine de pages qui ferment le livre, on retrouvera le même homme, dans la même salle, devant le même film.

Entre les deux, une espèce de pièce de théâtre. Le décor : une maison un rien vétuste située en plein désert californien. Les personnages : un scientifique qui a collaboré avec le Pentagone lors de la guerre d'Irak ; un jeune vidéaste qui souhaite le filmer et le faire parler sur le sujet ; et la fille du premier, qui apparaît et disparaît… L'histoire : il n'y en a pas vraiment, à vrai dire. On avance à tâtons, à l'affût du moindre signe, des indices distillés çà et là pour nous indiquer un chemin, ou mieux nous perdre. Roman hors-norme, énigmatique et fascinant, parfaite introduction à l'univers de Don DeLillo, *Point Omega* interroge le temps, la réalité, la place de l'homme dans l'univers, l'univers lui-même… Le style est épuré, allusif ; les dialogues résonnent d'un écho beckettien dans leur aridité ; et une angoisse mélancolique, à peine perceptible, baigne tout le récit d'une couleur particulière qui fait aussi sa séduction. •

« **Cérémonie… Vertige horizontal… Poussière…** »

— Livre proposé par Anthony Raffé

Charles dégoûté des beefsteaks

Pierre Girard

À lire chez Hippopotamus.
1945
L'Arbre Vengeur.

160 pages
Le Pigeon de Patrick Süskind, autre histoire d'un solitaire travaillant dans la banque… (p. 166)

Il y a peu de chances que vous connaissiez Pierre Girard. Discret, trop discret, cet auteur suisse naquit (1892) et mourut (1956) à Genève, qu'il ne quitta guère. Il vint tout de même à Paris dans les années 1920, où il trouva le temps de se lier à Valery Larbaud, Léon-Paul Fargue ou Philippe Soupault. Il est l'auteur de chroniques, de nouvelles et d'une quinzaine de romans aux titres parfois étranges : *June, Philippe et l'amiral, Curieuse Métamorphose de John* ou encore ce *Charles dégoûté des beefsteaks*, publié en 1945.

Comme la plupart des livres de Pierre Girard, il se passe à Genève. L'histoire est des plus simples : Charles, banquier un peu trop sérieux, tombe amoureux de sa nièce, la jeune Poppée, qui elle n'est pas très sérieuse. Il n'en faut pas plus à Pierre Girard pour délivrer une de ces petites merveilles dont il a le secret, toute de grâce et de légèreté, d'ironie en demi-teinte et de poésie. On y côtoie des personnages faussement insouciants, en décalage avec la vie, affublés de prénoms insolites (Pyrame, Eustache), de noms de famille encore plus singuliers (Kaïman, Bourrasse ou Hurleminet). Le style est simple, un rien désuet, ciselé à la virgule près, ponctué de discrètes références littéraires, musicales, et de phrases qu'on a envie de noter dans un petit carnet – « Poppée passa sur un pont, un pont un peu trop triste, accablé comme un poète qui a trop d'argent (...). Les feuilles tombaient. Les unes parce qu'elles ont été grillées par l'été, d'autres parce qu'elles sont lasses, d'autres pour ne pas rester seules. » Il a un charme fou, ce *Charles dégoûté des beefsteaks*. Et qu'on se rassure, l'histoire se termine bien. •

« **Rêver à la Suisse c'est rêver et cependant ne rêver à rien : rêvons à la Suisse avec Pierre Girard.** »

— Livre proposé par Pascal Zamor

Le Fusil de chasse

Yasushi Inoué

À lire à Tokyo, dans un meiyoku kissa, café à musique spécialisé en classique.

1949

Le Livre de Poche, collection « Biblio », traduit du japonais par Gisèle Bernier.

96 pages

Inconnu à cette adresse de Kressmann Taylor (1938), pour ceux qui auraient pris goût à la littérature épistolaire (p. 170).

Un homme, un inconnu, envoie au narrateur trois lettres qu'il a reçues. Trois lettres de trois femmes – la fille de sa maîtresse, laquelle vient de se suicider ; son épouse, qui lui annonce qu'elle veut divorcer ; et sa maîtresse, qui lui a écrit juste avant de se donner la mort. Les trois lettres apportent chacune un éclairage différent sur cette mort, ses raisons supposées et réelles. Mais ces lettres sont avant tout des confessions, à cœur ouvert, celles de trois femmes très différentes obligées soudain d'en finir avec le jeu du secret, des non-dits et des mensonges pour affronter, chacune à sa façon, la vérité.

Depuis Tristan et Yseult, au XIIe siècle, l'adultère (et donc l'amour interdit, la passion impossible…) est un thème qui n'en finit pas d'inspirer les auteurs et de susciter les chefs-d'œuvre. Avec *Le Fusil de chasse*, Yasushi Inoué livre un récit d'une densité rare, une espèce de roman policier d'un genre supérieur, incroyablement subtil, où le lecteur serait l'enquêteur et les trois lettres, les dépositions de trois témoins. Chaque lettre est une plongée dans les méandres d'une psychologie, quelques dizaines de pages riches en détails, en symboles, qui dessinent une infinité de motifs parfois indécis et changeants. Il faut être patient et avancer doucement dans ce livre, pour en goûter toute la richesse, la saveur ; il faut savoir prendre son temps, un peu comme au musée on s'attarde longuement devant un tableau dont on sait qu'il nous marquera durablement. •

« **Dans ce roman-enquête qui plonge jusqu'à s'y perdre dans les eaux troubles du sentiment de culpabilité, Inoué se révèle un maître du suspense de l'âme humaine, dans la lignée d'Henry James.** »

— Livre proposé par Michaël Lellouche

Gioconda

Nìkos Kokàntzis

À lire dans les Cyclades.

1975

Éditions de l'Aube, collection « Aube Poche Littérature », traduit du grec par Michel Volkovitch.

104 pages

Senso de Camillo Boito, pour poursuivre avec une passion tout aussi tragique (p. 32).

Qu'y a-t-il de plus difficile à réussir que le récit d'une histoire d'amour ? D'abord parce que les précédents prestigieux, de *Tristan et Yseult* au *Rouge et le Noir*, ne manquent pas. Difficile d'égaler ces œuvres sans les parodier. Et puis, parce qu'il est souvent impossible de trouver la bonne distance pour raconter une passion, sans verser dans le sentimentalisme ou l'éloge, toujours un peu niais quoi qu'on en dise, de l'amour fou. Nìkos Kokàntzis évite tous les écueils avec ce texte poignant.

Le héros, Nìkos, s'éprend de Gioconda, jeune fille juive. Une union totale, spirituelle et physique. L'auteur sait décrire l'appétit des corps avec retenue, ce qui rend le roman encore plus troublant. Mais la guerre a rarement le même agenda que les amants. Gioconda refuse de se cacher et veut continuer à vivre parmi les siens. En 1943, elle est déportée à Auschwitz. Le roman évoque ainsi la culpabilité de Nìkos : « Moi qu'est-ce que je fais ? Je reste ici, impuissant, lamentable, à vous regarder partir. Moi, qui me pardonnera ? » La fin du livre est saisissante et éclaire d'une lumière tragique ce bref amour, inoubliable car perdu à jamais. •

« **Le bonheur, perdu à jamais, dans la nuit et le brouillard.** »

— Livre proposé par Norbert Czarny

*La Rivière du sixième jour**

Norman Maclean

À lire dans un centre-ville écrasé par la canicule et embouteillé, pour mieux apprécier la force de ce livre.

1976

Points, traduit de l'anglais par Marie-Claire Pasquier.

146 pages

La Bellarosa Connection de Saul Bellow, l'écrivain urbain par excellence, pour varier les plaisirs (p. 22).

C'est le livre de toute une vie. Norman Maclean, né en 1902, s'est d'abord consacré entièrement à la transmission des grands textes (surtout Shakespeare) en tant que professeur de littérature à l'université de Chicago. Un universitaire qui n'écrit pas… Champagne ! Ça se fête ! À la fin de sa carrière d'enseignant, ses enfants le somment de rassembler les histoires qu'il n'a cessé de leur raconter. Maclean obéit et accouche instantanément d'un classique (qui manque le prix Pulitzer de peu), comme si toute sa passion pour la littérature, toutes ces années de lecture et d'analyse, trouvaient ainsi leur aboutissement.

La Rivière du sixième jour s'inspire de la jeunesse de l'auteur, des liens qui l'unissaient à son frère (assassiné) et son père, un sévère pasteur presbytérien. Ces hommes sont liés par une passion, celle de la pêche à la mouche dans les rivières du Montana. Le livre, adapté au cinéma par Robert Redford sous le titre *Et au milieu coule une rivière*, mêle la chronique familiale et de fantastiques descriptions de paysages. Au fil des lignes, il se fait de plus en plus simple et fascinant. La dernière page tournée, un étrange flottement s'installe, comparable à cette douce hypnose qui vous saisit quand vous contemplez un tableau de paysage durant de longues minutes. On meurt d'envie d'entrer dans le cadre, de saisir une canne à pêche, de fuir le quotidien et son climat réchauffé. •

*** réédité sous le titre**
Et au milieu coule une rivière.

« **Une ode à la nature et à la contemplation.** »

— Livre proposé par Catherine Quart

La Mort à Venise

Thomas Mann

À lire dans une cabine du Simplon-Orient-Express à destination de Venise.

1912

Le Livre de Poche (contient aussi Tristan et Le Chemin du cimetière), traduit de l'allemand par Félix Bertaux.

188 pages

Senso de Camillo Boito, histoire de poursuivre avec Venise et Visconti (p. 32).

L'idéal, ce serait de pouvoir lire *La Mort à Venise* sans avoir jamais vu le film que Luchino Visconti en a tiré. Cette adaptation, généralement considérée comme un chef-d'œuvre, a plaqué sur la nouvelle des images et une musique, notamment, dont il devenu difficile de se défaire, imposant du même coup une « lecture viscontienne » du texte de Mann. C'est dommage, voire regrettable.

Donc, un petit tour de passe-passe mental s'impose pour mettre de côté Dirk Bogarde, Björn Andressen et les symphonies de Mahler, avant de se plonger dans la nouvelle de Thomas Mann. On y retrouve Gustav Aschenbach, écrivain reconnu, un rien austère, dont la vie bien réglée ne l'éloigne jamais beaucoup de son appartement et de son bureau munichois. Jusqu'au jour où une envie irrépressible de voyager le prend. Il atterrit ainsi à Venise, sur l'île du Lido, et c'est là que son chemin croise celui du jeune Tadzio, adolescent androgyne à la beauté irréelle dont il s'éprend de façon irraisonnée.

Dans une Venise estivale, écrasée de lumière en même temps qu'exposée à la sombre menace d'une épidémie de choléra, le texte de Thomas Mann est une somptueuse méditation sur la création, la mort, la vieillesse, la beauté, le désir… C'est aussi – ce que l'adaptation cinématographique a fait oublier – une œuvre pleine d'ironie, subtile, qui est sans doute la marque de tous les grands chefs-d'œuvre. •

> « **Un texte empreint de beauté et de mort, un chef-d'œuvre intemporel.** »
>
> — Livre proposé par Emmanuel Domont

La Perle

John Steinbeck

À lire près d'une plage ou sur une barque de fortune.

1947

Gallimard, collection « Folio », traduit de l'anglais par Marcel Duhamel et Renée Vavasseur.

128 pages

L'Appel de la forêt de Jack London, un roman encore plus rageur sur les rapports sociaux (p. 118).

Avec *La Perle*, John Steinbeck signe une authentique parabole, quasi biblique, un texte qui échappe aux époques comme aux modes. Le personnage principal, Kino, un pêcheur de perles mexicain, vit pauvrement mais dans un lieu paradisiaque, avec femme et enfant. Il chante, prie, espère. Sans doute un peu trop. Un matin, il aperçoit un reflet au fond de l'eau, celui d'une perle exceptionnelle, « parfaite comme une lune, aussi grosse qu'un œuf de mouette ». La chance, enfin ! Mais Kino perd peu à peu de vue ce qui faisait la force de sa vie d'avant. Ce n'est pas lui qui possède la perle mais bel et bien l'inverse.

Le livre raconte alors, avec minutie, l'histoire de la transformation d'un homme sous l'effet d'un poison connu de tous et pourtant irrésistible : la convoitise née de la possession. Un classique, aussi fort (mais peut-être moins lu aujourd'hui) que *Le Vieil Homme et la Mer* d'Hemingway.•

« **Intemporel et d'une étonnante acuité.** »

– Livre proposé par Séverin Cassan

Remerciements

Les auteurs tiennent à remercier tous ceux qui se sont pris au jeu et leur ont suggéré des titres de « livres courts » à lire, ainsi que tous ceux qui ont participé au concours organisé pour compléter leur sélection, et en particulier : Séverine Martin, Bruno Lafourcade, Clovis Goux, Anthony Raffé, Pascal Zamor, Michaël Lellouche, Norbert Czarny, Catherine Quart, Emmanuel Domont et Séverin Cassan.

Ils remercient aussi tout spécialement : Marie David, Pierre-Guillaume de Roux, Alexandre Fillon, Sandrine Gulbenkian-Napias, Michèle Ignazi et Alexandra Romaniw.

Liste alphabétique par auteur

Liste chronologique

Listes thématiques

• Des livres drôles ou légers *(mais pas que)*

Daimler s'en va
Frédéric Berthet

Cœur de chien
Mikhaïl Boulgakov

La Panne
Friedrich Dürrenmatt

Charles dégoûté des beefsteaks
Pierre Girard

Les Mémoires d'un tricheur
Sacha Guitry

• Des livres qui donnent à penser

Le Rêve d'un homme ridicule
Fédor Dostoïevski

Bartleby le scribe
Herman Melville

La Ferme des animaux
George Orwell

Le Banquier anarchiste
Fernando Pessoa

La Soirée avec monsieur Teste
Paul Valéry

• Les livres les plus courts

Le Chef-d'œuvre inconnu
Honoré de Balzac

Senso
Camillo Boito

Lenz
Georg Büchner

Un été indien
Truman Capote

Le Rêve d'un homme ridicule
Fédor Dostoïevski

• Des livres où l'on voyage

L'Amiral
Blaise Cendrars

Le Cahier rouge
Benjamin Constant

Monastère
Eduardo Halfon

Les Naufragés du *Batavia*
Simon Leys

Nocturne indien
Antonio Tabucchi

• Des livres classés X

La Robe
Robert Alexis

Histoire de l'œil
Georges Bataille

Fanny Hill, la fille de joie
John Cleland

Lourdes, lentes...
André Hardellet

Mademoiselle Else
Arthur Schnitzler

- **Des livres borderline**

  La Robe
  Robert Alexis

  Les Belles endormies
  Yasunari Kawabata

  Hécate et ses chiens
  Paul Morand

  L'Enchanteur
  Vladimir Nabokov

  Délicieuses Pourritures
  Joyce Carol Oates

- **Des histoires d'amour**

  Sa femme
  Emmanuèle Bernheim

  Sur le fleuve Amour
  Joseph Delteil

  La Femme changée en renard
  David Garnett

  Ordo
  Donald Westlake

  Le Coup de grâce
  Marguerite Yourcenar

- **Des univers fantastiques**

  L'Invention de Morel
  Adolfo Bioy Casares

  L'Étrange Histoire de Benjamin Button
  Francis Scott Fitzgerald

  L'Homme au sable
  E. T. A. Hoffmann

  Carmilla
  Sheridan Le Fanu

  L'Étrange Cas du Dr Jekyll et de Mr Hyde
  Robert Louis Stevenson

- **Quelques regrets de notre éditrice…**

  Les Jeunes Visiteurs
  Daisy Ashford

  Zonzon Pépète
  André Baillon

  Le Neveu de Wittgenstein
  Thomas Bernhard

  Le Pont d'Alexander
  Willa Cather

  Frank et Billy
  Laurie Colwin

  Cinq matins de trop
  Kenneth Cook

  Le Prince des cravates
  Lucien Daudet

  L'Oiseau canadèche
  Jim Dodge

  L'Expérience du docteur Heidegger
  Nathaniel Hawthorne

  Le Vieil Homme et la Mer
  Ernest Hemingway

  Le Poids du papillon
  Erri De Luca

  Construire un feu
  Jack London

  Le Secret de Joe Gould
  Joseph Mitchell

  Un rude hiver
  Raymond Queneau

  Journal de Gand aux Aléoutiennes
  Jean Rolin

  La Légende du saint buveur
  Joseph Roth

  Un bon million !
  Nathanael West

  Ethan Frome
  Edith Wharton

  …

  Et Le Choix des mots
  de Clément Rosset !

**Composé avec les caractères Sabon Next
et Pilat, cet ouvrage a été conçu par Cheeri.
Il a été achevé d'imprimer par Normandie Roto
Impression s.a.s. à Lonrai en octobre 2018
pour le compte des Éditions La Table Ronde.**

Dépôt légal : octobre 2018
Nº d'édition : 332876
ISBN : 978-2-7103-8768-8
Nº d'impression : 1804171